발트해

The Baltic Sea

발트해
바이킹의 바다, 북유럽의 숨겨진 보석

KMI 세계의 바다 시리즈 001

1판 1쇄 인쇄 2017년 10월 2일　1판 1쇄 발행 2017년 10월 10일
기획 〈The OCEAN〉 편집위원회
지음 김융희·류한수·민혜련·박병률·박지배·이기준·주강현·조용준·황수연
펴낸이 김희량
펴낸곳 바다위의정원
출판등록 제2015-000329호
주소 서울특별시 마포구 월드컵로10길 47, 301호(서교동)
전화 02-720-0551　팩스 02-720-0552
이메일 oceanos2000@hanmail.net

한국해양수산개발원 ⓒ 2017
ISBN 979-11-957336-5-1 03920
값 19,500원

이 도서의 국립중앙도서관 출판시도서목록(CIP)은 e-CIP 홈페이지(http://www.nl.go.kr/ecip)에서 이용하실 수 있습니다.(CIP제어번호: CIP2017024720)

이 책은 한국해양수산개발원에서 발간하는 〈The OCEAN〉의 특별판입니다.

발트해

The Baltic Sea

**바이킹의 바다,
북유럽의 숨겨진 보석**

김웅희
류한수
민혜련
박병률
박지배
이기준
주강현
조용준
황수연

바다위의정원

들어가는 글

한국인이 유럽의 바다를 생각할 때 발트해를 선뜻 떠올리지는
않습니다. 우리 생각에서 아직 멀리 떨어져 있습니다. 그런
반면에 지중해에 관심을 가진 사람들이 많고, 또 실제로
그곳으로 여행을 많이 떠납니다.
그리스·로마문명의 산실인 지중해가 역사의 주역으로
장기지속하는 동안, 발트해는 바이킹이 지배하는 '야만의
바다'로 인식되었습니다. 그러나 전 유럽에 걸친 바이킹의
이동과 정착은 유럽역사 자체를 바꾼 최대의 사건이었습니다.
발트해는 북해와 더불어 바이킹이 동력을 확보한
근거지였습니다.
발트해는 스웨덴, 덴마크, 핀란드, 에스토니아, 라트비아,
리투아니아, 폴란드, 독일, 러시아 등으로 둘러쌓인 '호수'와도
같은 바다입니다. 북해와 발트해는 그대로 이어져서
노르웨이·아이슬랜드·영국 등이 뱃길로 연결됩니다.
발트해는 유럽 북구권역과 슬라브권역을 연결하는 통로이기도
했습니다. 동서를 연결하는 무역루트를 따라서 한자동맹이
활발하게 무역도시를 형성하면서 오늘날까지 역사와 전통이

이어지는 여러 해양도시를 이끌어왔습니다. 특히 해양강국 네덜란드, 영국의 역사 발전은 발트해에 크게 빚지고 있습니다.

한국해양수산개발원이 펴내는 해양문화 전문지 〈The OCEAN〉이 스페셜 에디션 성격의 〈발트해〉를 내보냅니다. 각계의 전문가가 참여하여 특히 생생한 현지 이야기를 끌어올렸습니다. 올해는 러시아혁명 100주년이기도 해서 발트해의 역사적 의미망이 더 주목받습니다. 발트해의 역사와 문화, 러시아혁명 100주년을 맞이하는 발트해 근현대 이야기, 발트해 연안 도시의 재생, 발트해 각 나라의 해양박물관을 중심으로 한 해양인프라 현주소, 신화와 음식과 도자기에 이르기까지 다양한 요소를 종합적으로 다룹니다. 물론 본격적이고 심층적인 책은 언젠가 이후의 과제로 미루어놓았습니다. 이 책이 한국사회에 발트해를 본격 소개하는 작은 도구로 쓰이길 희망합니다.

〈The OCEAN〉 편집위원회

차례

들어가는 글 / 4

1장. 발트해의 역사문화적 궤적

한자동맹시대의 자취, 북유럽 해상무역로	10
한자동맹의 거점 1: 뤼베크	28
한자동맹의 거점 2: 고틀란드	40
발트해의 패권 전쟁 _스웨덴·독일·러시아·폴란드의 쟁투	69
# 호박 루트를 찾아서	84

Special Theme 1 발트해와 러시아혁명 100주년

러시아혁명, 그 서곡과 절정과 대단원	92
상트페테르부르크, 혁명의 현장을 가다	110

2장. 도시 재생의 현장을 가다

예테보리와 말뫼, 두 도시 이야기	130
# 말뫼의 해상 사우나	152
중세 도시, 에스토니아 탈린의 변신	154
# 빌뉴스의 오래된 호텔	166

Special Theme 2 해양박물관의 모든 것

에스토니아 탈린의 해양박물관	170
라트비아 리가의 해양박물관	180
폴란드 그단스크의 해양박물관	184
스웨덴 스톡홀름의 해양박물관	196
러시아 상트페테르부르크의 중앙해군박물관	215

3장. 신화, 도자기 그리고 청어

서리와 불의 노래, 북유럽 신화 읽기	225
발트해를 닮은 북유럽 도자기	242
발트해의 요리, '시큼한 청어'	260
# 바다 위에서 누리는 호사, 발트해 크루즈	272

주 / 280

출처와 제공 / 284

저자 소개 / 286

발트해의
역사문화적
궤적

1

한자동맹시대의 자취, 북유럽 해상무역로

북해와 발트해 그리고 교역
한자동맹 도시가 100곳에 이르러
선박 코그를 이용, 연안을 따라 항해
곡물, 청어, 소금이 중요한 교역품으로
네덜란드의 등장, 한자동맹의 쇠퇴

19세기 러시아의 저명한 경제학자 네볼신은 발트해를 '북방의 지중해'라고 했다.¹ 중세에 지중해가 유럽과 동방을 연결하는 바다였다면, 발트해는 서유럽과 동유럽을 이어주는 북유럽의 바다였다. 12~14세기 유럽의 번성기에 북유럽 공간의 교역을 주도하던 세력은 한자동맹에 속한 도시였다. 북해와 발트해 지역 중앙에 위치한 뤼베크와 함부르크가 중심지였다. 특히 '한자의 여왕'이라 불리는 뤼베크가 동맹을 주도했다.

북해와 발트해 그리고 교역

북유럽의 해양 공간은 크게 북해와 발트해로 나뉜다. 북해의 면적은 57만 제곱킬로미터로, 251만 제곱킬로미터인 지중해에 비해 그리 넓지 않다. 북해는 덴마크에서 영국에 이르며, 그 주변에 독일·네덜란드·플랑드르 등 근대 서유럽의 경제 강국이 있었다. 북서유럽의 도시에서는 빈약한 토지자원과 열악한 자연환경으로 인해 일찍부터 무역과 제조업이 발달했다. 중세에 지중해가 흑해나 홍해를 통해 동양의 문물을 접했다면, 북해는 발트해로 이어져 서유럽과 동유럽 상인이 조우하는 해양 공간이었다.

배가 런던이나 브뤼주에서 출발하여 덴마크 관할의 준트 해협을 지나면 발트해로 들어서게 된다. 발트해는 전체 면적이 42만 제곱킬로미터에 불과하나 남쪽으로는 프로이센·폴란드·리투아니아·라트비아·에스토니아·러시아 등의 광대한 농업국이 자리하고, 북쪽으로는 스웨덴·핀란드 같은 넓은 영토를 가진 나라가 펼쳐진다.

중세에 발트해를 항해하는 일은 수월하지 않았다. 발트해는 염분이 적어서 다른 바다보다 선박의 속도가 느렸고, 또 자주 얼어붙어 운행이 아예 불가능하기도 했다. 발트해는 고대에 여러 번 완전히 얼어붙었고, 마지막으로 얼어붙은 것은 1553년이었다. 특히 발트해의 핀란드만은 더욱 염분이 적어 자주 얼었는데, 1907년 레닌은 차르 정부의 탄압을 피해 얼어붙은 핀란드만을 건너서 망명을 떠났다고 한다. 또 발트해는 봄과 여름에 안개가 심해서 해상 사고가 잦았다. 그러나 이렇게 환경이 좋지 않은데도 북해와 발트해를 잇는 무역은 이미 로마시대부터 행해졌고, 특히 10~14세기에 들어와 유럽 인구가 증가하면서 확대됐다.

발트해 공간은 이미 로마제국 때부터 서유럽과 중부 유럽의 교역망에 편입되어 있었다. 9세기 후반에는 바이킹 상인이 당시 러시아 지역을 통과하여 그리스에 이르는 무역을 행했다. 10세기 이후 바이킹의 침입이 잦아들고 평화가 찾아오면서 북해와 발트해 사이의 교역은 확대됐다. 989년 '신의 평화'가 선포됨으로써 가장 극심한 병폐였던 봉건 귀족이나 유력자 간의 폭력이 억제됐다. 11세기에 들어와 인구가 증가했고, 그로 인한 토지 부족으로 12세기부터는 간척이 진행됐다.[2] 독일의 경우 1000~1300년에 인구가 400만 명에서 1150만 명으로 거의 세 배나 증가했다. 인구 증가는 자연스럽게 생필품, 원료, 사치품 수요를 증가시켰다.[3]

　이러한 배경에서 독일인의 동유럽 식민이 진행되었는데, 특히 독일 저지대 상인은 발트 서부 지역으로 진출했다. 12세기에 독일은 당시 슬라브인의 거주지였던 뤼베크를 점령했다. 뤼베크는 1241년 독일의 도시로 승격됐고, 이후 독일의 발트해 진출은 본격화됐다.

한자동맹 도시가 100곳에 이르러

중세에 북해와 발트해 사이를 누비며 동서무역을 주도했던 도시는 두 바다의 경계에 위치한 뤼베크와 함부르크였다. 이 두 도시는 말하자면 북방의 제노바와 베네치아라고 할 수 있었는데, 지리적 이점을 이용해 중개무역으로 번영을 이루었다.

　1241년 뤼베크와 함부르크는 무역동맹을 맺었고, 13세기 후

얼어붙은 발트해

한자도시 탈린에서 상품을 선적하는 모습, 탈린 해양박물관

반에는 뤼베크·함부르크·슈트랄준트 등의 도시가 주축이 되어 무역할 때 서로 협력하고 공통 화폐를 주조하기로 합의했다. 이러한 느슨한 연대는 1356년 뤼베크에서 개최된 회의에서 한자동맹 창설로 발전했다. 나아가 한자 도시는 북해와 발트해 사이에 위치한 덴마크와의 전쟁에서 승리한 후 1370년 슈트랄준트 협정을 체결함으로써 북방의 두 바다를 자유롭게 항해할 수 있는 권리를 얻었다. 이때가 한자동맹의 전성기였다.

그러나 14세기 유럽에 닥친 인구 위기는 거대한 경기 침체를 가져왔고 전반적으로 무역을 악화시켰다. 위기의 근본 원인은 기술과 교통의 한계로 식량 공급이 인구 증가를 따라가지 못했기 때문이다. 이미 14세기 초 중세의 번영은 끝나가고 있었고, 14세기 중엽부터 흑사병이 퍼지면서 상황은 더 악화됐다. 따라서 한자 도시가 주도했던 중개무역 역시 위축될 수밖에 없었다.

역설적으로 경제 위기를 타개하기 위해서 한자동맹의 정치적 연대는 더욱 강화되어야 했다. 14세기 후반에서 15세기 전반 한자동맹의 정치적 위상은 전성기를 맞았고, 이 시기에 동맹 도시는 무려 100곳에 이르렀다.

한편 중세의 한자 도시는 북유럽 국가들 간의 중개무역을 독점했지만, 북유럽 해상무역은 한자 도시뿐 아니라 런던·브뤼주·베르겐·노브고로드 등 북유럽의 여러 지역을 포함하고 있었다.

선박 코그를 이용, 연안을 따라 항해

북유럽 해상무역로의 주축이 되는 북해와 발트해는 스카게라크 해협과 카테가트 해협 그리고 덴마크 관할의 준트 해협을 통해 서로 연결된다. 그러나 12~13세기만 해도 해로를 통한 항해는 쉽지 않았기 때문에 북해와 발트해는 바다를 통해 직접 연결되기보다 함부르크와 뤼베크 사이의 지협로를 통해 이어졌다. 이를테면 한자 소속 선박은 뤼베크나 함부르크에 도착해 화물을 내렸고, 이를 육로와 운하, 자연하천 등을 통해 수송한 뒤 다시 뤼베크나 함부르크의 해상 선박에 실었다. 오늘날 뤼베크에서 함부르크까지는 두 시간 정도면 갈 수 있지만, 당시에는 짐을 내리고 옮겨 실어야 하는데다 수송 속도도 느려서 18세기 초까지도 3주 가까이 걸리곤 했다.[4]

그러나 중세에도 함부르크-뤼베크 간 지협로를 거치지 않고 직접 준트 해협을 통과하는 직항로가 있었다. 특히 14세기 후반부터 한자동맹이 발트해에서 정치적 영향력을 발휘하게 되고, 영국과 플랑드르의 도시가 발트해에 진입하면서 준트 해협을 통과하는 해로의 이용은 점점 늘어났다.

북해와 발트해에서의 항해술은 지중해에 비해 발전이 더뎠다. 지중해에서는 14세기 초에 항해도와 나침반이 등장하여 점차 사용이 확산됐으나, 북유럽에서는 15세기 후반에야 나침반이 언급됐고 16세기 후반에 와야 그 사용이 일반화됐다. 따라서 북유럽의 선박은 깊은 바다를 항해하기보다 측연으로 바다의

발트해를 오가던 북유럽의 선박, 에스토니아해양박물관

깊이를 재며 연안을 따라 항해하는 것이 일반적이었다.

　북유럽의 대표적인 선박은 코그(cog)였다. 배 중앙에 돛대가 하나 있는 상선으로, 북유럽 특유의 커다란 사각형 돛을 달았다. 코그는 순풍을 만나면 힘차게 달릴 수 있지만 역풍이 불면 잘 나아가지 못했다. 13세기에 코그의 적재량은 80~160톤이었는데, 이후 점점 늘어나서 200톤 이상이 됐다. 15세기 중반부터는 이베리아의 조선술을 받아들여 세 개의 돛대를 설치하는 등 콜럼버스의 캐러벨(원양 항해에 능한 범선)을 닮아갔다. 전반적으로 선박과 항해술의 제약으로 동서 유럽의 두 바다를 항해하는 데 많은 시간이 소요됐다. 중세에 리가에서 브뤼주까지 항해하는 데 39일에서 최대 73일이나 소요됐다. 심지어 18세기 말에도 리가에서 브뤼주보다 더 먼 영국까지 37일에서 63일 정도가 걸려 속도가 크게 향상되지는 못했다.[5]

곡물, 청어, 소금이 중요한 교역품으로

중세에 지중해무역은 주로 비단이나 향신료 같은 동방의 값비싼 물건을 유럽으로 중개하는 것이어서 이윤율이 높았다. 그러나 북유럽의 교역품은 비싼 사치품보다 생필품이 대부분인지라 주로 무겁고 부피가 커서 이윤율이 상대적으로 낮았다. 더욱이 중세 말인 14세기부터 15세기 초에는 서유럽의 인구가 감소하고 물가가 하락하여 이윤율이 더욱 낮아졌다. 따라서 북유럽 상

청어잡이, 1555, 목판화

인은 철저하게 계획하지 않으면 이윤을 남기기가 어려웠다.

이 같은 척박한 무역 환경은 북유럽 상인을 더욱 단련시켰다. 그들은 정확한 정보를 토대로 꼼꼼히 기록하고 계산하며 무역 기술을 발전시켜 나갔다. 중세 한자 도시의 아카이브에 보관된 무역 통계 자료를 보면 그 정확성과 꼼꼼함에 놀라게 된다. 일일이 손으로 계산한 그 방대한 통계는 컴퓨터 계산 프로그램에 입력해도 거의 틀리는 것이 없을 정도다.

동서 유럽 간의 거래 상품은 농축산물(곡물·양모·가죽), 임산물(목재·역청·타르 등), 해산물(청어·가자미·철갑상어) 등이었다. 물론 사치품에 속하는 모피·호박·고급 술·향신료 등도 있었다. 제조품 가운데 유일하게 중요한 상품은 플랑드르 지역의 모직물이었다. 그러나 당시 북유럽에서는 지중해 연안의 남유럽에서 동방의 상품을 일방적으로 수입했던 것과 달리 교역에 참여하

뤼베트의 소금창고

는 대부분의 나라가 수출국이면서 동시에 수입국이었다. 따라서 어느 한 나라에서 다른 나라로 많은 양의 화폐가 일방적으로 이동하는 일은 드물었다.

중세 북유럽의 국제무역에서 특별히 중요하게 취급된 상품은 곡물과 청어였다. 둘 다 화려하지는 않지만 무엇보다 일상생활에 중요한 필수품이었다. 주요 곡물 수출지는 덴마크·스웨덴·독일 북부·보헤미아·슐레지엔·폴란드였고, 이들 지역의 곡물은 주로 발트해 가까이 위치한 한자 도시인 뤼베크·함부르크·슈체친·그단스크·로스토크 등지에 집중됐다. 한자 상인은 이렇게 모인 곡물을 플랑드르, 네덜란드, 잉글랜드 등지로 수출했다.

그러나 아직 '서유럽은 제조업, 동유럽은 농업'으로 국제적 노동 분업이 명확히 이루어진 것은 아니었다. 곡물 이동은 기근의 유무에 따라 유동성이 컸다. 따라서 곡물 수출지와 수입지의 경계선이 명확하지 않았는데, 어느 지역에서나 기근은 발생할 수 있었기 때문이다. 어느 지역에 기근이 발생하면 곡물 가격이 상승하고, 그에 따라 곡물 수출의 이윤율이 높아졌다. 그러면 곡물은 어김없이 이윤이 높은 곳으로 이동했다.[6]

청어 역시 중요했다. 청어는 기독교 문화권에서 매우 중요한 음식이었다. 중세에 유럽인은 교회가 규정한 금욕 기간에 육식을 끊어야 했다. 육식 금지 기간은 1년에 166일 정도였는데, 이 시기에 청어는 육류를 대체할 단백질 식품으로 중요했다.[7]

중세에 청어잡이는 특히 발트해 서쪽에서 대량으로 이루어졌다. 처음에는 독일의 뤼겐섬에서, 12세기 후반에는 스웨덴 남부의 스코네 지방에서 청어시장이 형성됐다. 뤼베크는 소금 생산지인 뤼네부르크와 가깝고 청어시장인 스코네와도 가까워서 청어와 소금의 중요한 집산지였다. 이곳에서 한자 선박이 매년 어마어마한 양의 염장 청어를 북유럽 각지로 실어 날랐다. 육식 금지 기간에 청어는 값싼 단백질원으로 인기 있었다.

한편 청어가 발트해에서 북해로 이동하면서 15세기부터 네덜란드의 청어잡이가 유명해졌다. 네덜란드인은 청어를 잡은 다음 배 위에서 즉시 내장을 제거하고 소금을 뿌리는 염장 기술을 개발했다. 절인 청어는 오늘날에도 북유럽을 대표하는 음식의 하나다.

네덜란드의 등장, 한자동맹의 쇠퇴

중세 말 한자 상인의 활동 영역은 서쪽으로 플랑드르와 잉글랜드, 북쪽으로 노르웨이의 베르겐, 동쪽으로 폴란드의 그단스크와 러시아의 노브고로드까지 이어졌다. 그러나 근대로 접어들면서 북해의 서유럽 국가가 한자 도시의 위협적인 경쟁자로 떠올랐다. 영국이나 플랑드르 같은 발전하는 북해 연안국은 한자의 중개를 거치지 않고 직접 동유럽 국가와 교역하는 것이 훨씬 유리했다. 특히 네덜란드의 출현은 북유럽 무역에서 한자동맹 시대를 종식시킨 가장 중요한 원인 가운데 하나였다.

15세기에 네덜란드인은 훨씬 큰 규모의 무역을 수행하면서 프로이센과 오늘날 발트삼국(에스토니아, 라트비아, 리투아니아)에서 곡물과 목재를 사들였다. 또 네덜란드의 직물 역시 북유럽 시장에서 우위를 점하며 플랑드르 상품을 몰아냈다. 한자 도시는 이러한 네덜란드의 출현에 위협을 느꼈고, 이들에게 자신들의 규정을 지키도록 강요하면서 활동을 제한하려 애썼지만 소용없는 일이었다.[8] 새로운 시대가 온 것이다.

한자동맹의 쇠퇴는 시대가 변했음을 보여주는 중요한 징표였다. 성장하는 중앙집권적 근대국가는 도시 간의 연맹체 성격을 띤 한자동맹이 감당하기 어려운 경쟁자였다. 그러나 한자동맹의 쇠퇴가 북유럽 무역의 쇠퇴를 의미하는 것은 아니었다. 이러한 변화는 오히려 북유럽이 남유럽을 제치고 유럽 경제의 중심부로 성장하는 역사적 사건의 부산물이었을 뿐이다. 중세에 북유럽 무역이 유럽 무역의 변방에 불과했는지 모르지만, 근대가 시작되면서 북유럽이 유럽 경제를 이끌어간 것이다. 이후 전개된 북유럽 우위의 유럽 경제는 오늘날에도 이어지고 있다.

한자동맹의
거점 1:
뤼베크

발트해로 열린 도시, 무역의 거점
'한자동맹의 여왕' 그리고 '영광 중의 영광'
건축물에 남은 중세의 영광
도시 곳곳에 문학의 자취가

뤼베크(Lübeck)는 발트해 연안의 절묘한 위치에 자리한 독일 북부의 항구도시다. 북쪽으로는 덴마크의 퓐섬과 코펜하겐이 위치한 셸란섬, 스웨덴의 말뫼와 예테보리가 있다. 북쪽으로 돌아가면 북해로 곧바로 연결되어 영국으로 나아갈 수 있다. 동쪽으로는 고틀란드를 거쳐서 핀란드와 러시아로 연결되고, 당연히 옛 프로이센 지역과 발트삼국으로 직결된다. 남쪽 내륙으로는 강을 따라서 함부르크와 연결된다. 이렇듯 뤼베크는 중세 사회에서 해양도시의 거점이 될 수 있는 지정학적 이점을 갖춘 도시였다.

발트해로 열린 도시, 무역의 거점

트라베강 하구에 위치한 뤼베크는 강으로 둘러싸인 섬으로, 발전을 예측하기 어려운 지형이었다. 홀슈타인 백작 아돌프 2세는

12세기 중반 이곳으로 거점을 옮겼다. 그는 북쪽에 성을 건설하고, 1170년 남쪽 주거지에 주교관을 지었다. 본디 슬라브인 거주지였던 뤼베크는 독일인에 의해 발트해로 열린 도시로 새롭게 '발견'됐으며, 중세 독일에서 두 번째로 큰 도시가 된다. 1200년 이 항구는 정복된 발트해 지역으로 떠나는 식민지 거주민을 위한 주요 출발점이 됐다. 뤼베크를 출발한 독일 상인은 고틀란드의 비스뷔, 리가, 그단스크 등 발트해 연안에 정착하여 발트해 무역도시를 경영했다.

1226년 프레데리크 2세는 뤼베크를 황제 직속의 자유도시로 승격시킨다. 상인은 라인란트와 베스트팔렌에서 왔으며, 그들은 뤼베크를 생동감 넘치는 무역 중심지로 발전시키는 데 기여했다. 베르겐(노르웨이)의 대구, 런던과 플랑드르(브뤼주)의 고품질 양모와 천, 노브고로드의 모피와 밀랍, 스웨덴의 구리·은·철과 버터, 뤼네부르크의 소금, 라인란트의 포도주 등이 거래됐다. 발트해와 북해 연안의 여러 도시가 뤼베크와 거래한 셈이다.

발트해 무역은 대체로 중세 말부터 근대 초까지 이어진다. 그러나 선사시대와 고대에도 발트해 무역 루트는 있었다. 역사적으로 존재하던 장기 지속적인 해상 루트가 한자동맹을 통해 본격적으로 발화된 것으로 보는 것이 맞을 것이다. 각 도시는 연대하여 400여 년에 걸쳐 자신들의 무역권을 보호하고 준식민도시를 경영하면서 국제시장의 부를 장악하고자 노력했다.

'한자동맹의 여왕' 그리고 '영광 중의 영광'

한자동맹은 독일 북부와 발트해 연안에서 시작됐다. 한자는 약 200개의 도시와 마을로 구성됐는데, 뤼베크가 동맹의 중심이었다. 뤼베크가 주로 무역한 도시는 영국 런던, 노르웨이 베르겐, 벨기에 브뤼주, 러시아 노브고로드였다. 뤼베크 상인은 현지 왕권과 긴밀한 관계를 맺었으며 상업적 이익을 지키기 위해 온갖 수단을 다 썼다. 이들은 자체적으로 화폐를 찍었고 재화를 독점했다. 또 발트해의 중간 거점인 고틀란드를 장악해 발트해 무역의 메카로 삼았으며, 노브고로드로 진출해 러시아의 물건과 서방의 물건을 교역할 센터를 구축했다.

비록 14~15세기에 와서 쇠락하기는 했으나 뤼베크는 한자 무역을 수백 년간 지배했다. 북부 독일 내륙의 물자를 바다로 운송하기 위해 꼭 거쳐야 하는 관문이었고, 북해와 발트해가 만나는 중간에 위치하여 대륙의 동서쪽에서 모두 접근성이 좋았기에 무역의 중심지로 성장할 수 있었다. 그리하여 사람들은 뤼베크를 '한자동맹의 여왕'이라고 불렀다.

1375년 카를 4세는 뤼베크를 베를린, 로마, 피사, 피렌체와 함께 '영광스러운' 다섯 도시 중의 하나라고 불렀다. 당시 뤼베크에 입출항하는 배는 연간 680척 규모였다. 행선지는 스코네, 프로이센, 스웨덴, 리보니아, 베르겐, 플랑드르 등지였다. 뤼베크 상인은 베르겐에 상관을 구축했고, 노르웨이산 대구를 남쪽 지역에 판매해 큰 이익을 올렸다. 또한 뤼베크 남쪽 함부르크 인근

뤼베크, 1641, 스톡홀름왕립도서관

의 뤼네부르크에서 산출되는 암염을 통제함으로써 청어절임 교역에서도 독점적 지위를 차지했다.

근세로 들어오면서 한자동맹의 쇠퇴와 함께 뤼베크도 침체되어갔다. 무역 특권을 둘러싸고 뤼베크와 덴마크 및 노르웨이 간에 갈등이 발생했다. 덴마크와의 전쟁에서 패한 후 뤼베크는 차차 세력이 약해졌다. 30년 전쟁(1618~1648) 때는 중립을 지켰

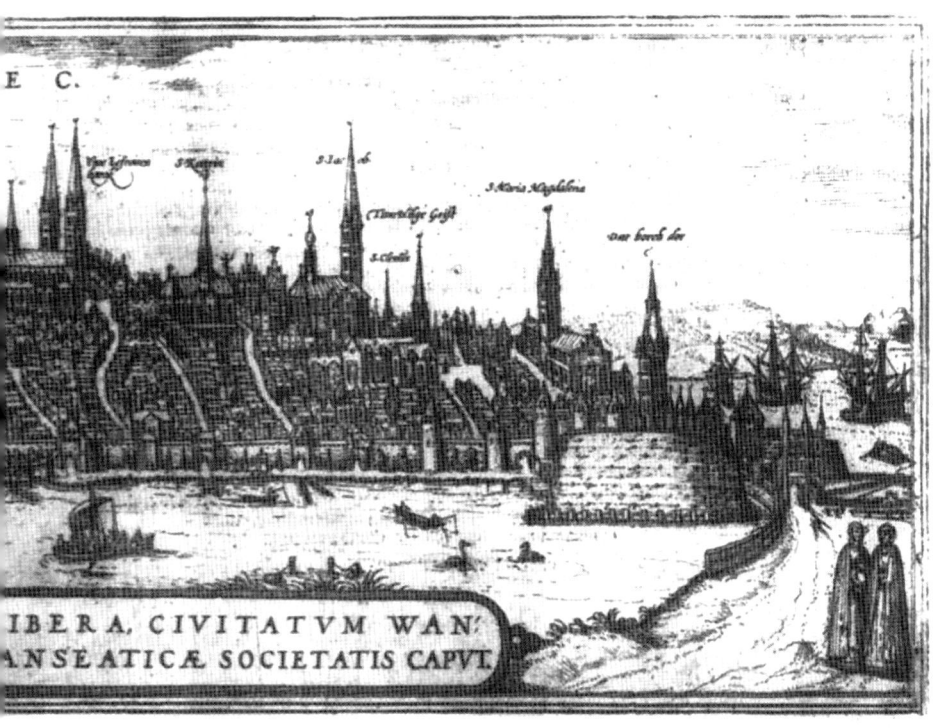

지만, 수십 년간 계속된 전쟁으로 인해 도시는 황폐해졌다. 뤼베크와 한자동맹이 쇠퇴하게 된 더 결정적 계기는 유럽의 무역이 대서양 연안으로 새롭게 확대된 데 있다.[9] 하지만 1669년 한자동맹이 사실상 해체된 후에도 뤼베크는 여전히 발트해 무역의 중요 도시로 남아 있었다. 오늘날 볼 수 있는 아름다운 건축물은 일찍이 뤼베크의 전성시대에 형성된 것이다.

1477년에 세워진 뤼베크 성문

건축물에 남은 중세의 영광

뤼베크는 오늘날 독일 북부의 발트해에 면한 슐레스비히홀슈타인 주에 속하는 항구도시다. 1937년까지는 자유도시였으나 나치에 의해 자유도시의 지위를 잃고 슐레스비히홀슈타인 주에 흡수됐다. 인구는 1939년에 약 15만 명이었는데 제2차 세계대전 이후 22만 명 이상으로 증가했다. 독일 동부의 공산주의 지역에서 추방된 난민의 유입으로 인한 것이다. 역사적으로 보면 발트해 연안으로 대거 진출해 도시를 형성했던 독일인이 공산주의 블록에서 추방되어 되돌아온 셈이다.

제2차 세계대전 당시 뤼베크는 독일 도시 최초로 영국 공군의 공습을 받았다. 전쟁은 참혹한 결과를 가져왔다. 뤼베크는 이후 수십 년간 역사적 도심을 복원하는 데 보냈다. 오늘날 많은 부분이 복원된 것이지만 구시가지의 상당 부분은 중세를 비추는 거울이라고 할 만큼 잘 보존되어 있다. 시청과 교회와 수도원은 재건축됐다. 1478년에 지어진 홀슈타인 문은 오늘날 박물관으로 쓰인다.[10] 뤼베크 역 앞 빌헬름 황제 동상을 지나서 다리를 건너면 홀슈타인 문에 당도한다. 막상 가보면 작게 느껴지기도 하는데, 무수한 역사가 이 앞을 흘러갔다는 점에서 의미가 깊은 건축물이다.

13세기에 축조된 주 출입문인 부르크토르와 1280년에 세워진 하일리겐가이스트 병원은 고스란히 보존돼 남아 있다. 강을 따라 16~17세기에 세워진 박공 형식의 건물이 즐비하게 서 있

어부의 집

는데, 바로 뤼네부르크에서 스웨덴으로 실어 나르던 소금을 보관하던 창고다.¹¹ 소금을 팔아서 번성했던 지극히 전통적인 풍경이 잘 간직돼 있다.

전쟁의 참화를 이겨낸 아름다운 길드 건물도 있다. 층층이 박공이 올라간 어부의 길드 건물(Fishergesellschaft)이 바로 그것인데, 중심가의 좁은 골목을 따라 서 있다. 르네상스 시기의 오래된 적벽돌 건축물로, 지금은 선술집으로 쓰인다. 장크트 아넨 박물관은 옛 뤼베크의 많은 부조를 소장하고 있다. 시장 광장에 위치한 시청은 뤼베크의 가장 대중적인 공간이다. 광장에서는 벼룩시장 같은 장터가 열리기도 하고 중요한 집회가 개최되기도 한다.

1987년 유네스코는 뤼베크를 세계문화유산으로 지정했다. 구시가지는 트라베강 중간에 자연스럽게 형성된 섬에 위치하며, 강에 둘러싸인 채 하늘을 찌를 듯 솟아오른 교회 첨탑과의 조화가 매우 아름답다. 지금은 한적한 옛 도시에 불과하지만, 어쩌면 중간에 몰락했던 덕에 옛 모습을 오늘까지 간직할 수 있었던 것이 아닐까. 뤼베크의 랜드마크인 성모마리아 교회에 오르면 한자동맹의 상징과도 같은 빨간 지붕이 연이어 흘러가는 모습이 보인다. 이 같은 건물 양식은 뤼베크 사람들이 건설한 도시 고틀란드에서도 거의 흡사하게 볼 수 있다.

도시 곳곳에 문학의 자취가

뤼베크는 토마스 만의 소설 《부덴부로크가(家)의 사람들》의 배경이기도 하다. 토마스 만은 이곳의 부유한 상인 집안에서 태어나 자랐다. 뤼베크에는 소설에 나오듯 해상무역으로 많은 돈을 벌어들인 부호가 많았으며, 그들은 빈민 구호 시설이나 병원, 성당 등을 지었다. 가난한 선원을 도와주었다는 전설의 건물(Schiffergesellschaft)도 남아 있다. 당대의 경제력에서 해상무역이 얼마나 결정적이었는지 알려주는 좋은 사례다.

토마스 만은 자신의 소설에서 부덴부로크 가문의 4대가 서서히 몰락해가는 모습을 그렸는데, 사실은 자신의 이야기를 쓴 것이다. 본디 만 가문은 뤼베크에서 곡물상으로 부를 축적하여 19세기 초중반에는 지역 최대 부호 중 하나로도 꼽혔다. 사업가 기질이 없었던 아버지 대부터 가세가 기울었으며, 아버지가 죽자 그의 가족은 뮌헨으로 거처를 옮긴다.

뤼베크에는 귄터 그라스가 살던 집도 있다. 그라스는 그단스크 출생으로, 그단스크는 뤼베크 사람이 대거 진출했던 발트해 연안의 상업도시였다. 박물관으로 변한 그의 집은 그가 매우 뛰어난 재주꾼이었음을 보여준다. 작품 전시와 포럼 활동하던 공간을 전시해놓았는데, 마당에 있는 손으로 넙치를 움켜쥔 모습의 청동 조각상이 눈길을 끈다. 오늘날 그단스크에도 '귄터 그라스의 집'이 있다.

참고로, 모퉁이 하나를 돌면 동·서 독일 통일의 초석을 쌓은 서독 총리 빌리 브란트를 기념하는 집이 나온다. 마당에는 베를린 장벽이 통째로 전시되어 있는데, 역사를 존중하는 독일인의 태도를 엿볼 수 있다.

오늘날 엘베뤼베크 운하는 트라베강과 엘베강을 연결한다.[12] 뤼베크는 함부르크와 기차로 손쉽게 연결된다. 불과 40여 분이면 함부르크에서 이 도시를 방문할 수 있다. 지금은 유네스코가 지정한 세계문화유산 도시로 관광객이 자주 찾는 명소가 됐지만, 막중한 역사적 지위를 차지했던 도시였던 만큼 이곳 사람들의 얼굴에서는 장중한 자부심이 흘러나오는 듯하다.

한자동맹의
거점 2:
고틀란드

살아 있는 박물관, 바이킹의 섬
셸바르의 전설과 유적
누구나 탐낼 수밖에 없는 섬의 운명
고틀란드인은 노브고로드 무역의 전문가
한자동맹 무역도시의 중심 비스뷔
천년 도시에는 중세의 여전함이
한자동맹의 맹주 지위를 상실하고, 해적에게는 약탈당하고
전통과 역사를 기억하는 그 나름의 방식

발트해를 '우리 바다'로 여기고 행동하는 유럽인이 있었다. 그 '우리 바다'에 고틀란드라는 거대한 섬이 낮잠을 자는 짐승처럼 누워 있다. 본섬 이외에 카를쇠, 포뢴 같은 작은 섬도 딸려 있다. 총면적은 3183제곱킬로미터. 제주도보다 약 1.7배 크다. 해발 100미터를 넘지 않는 평평한 대지가 이어지며, 광활한 벌판에 숲과 농경지가 형성되어 가용 토지가 거의 100퍼센트에 가깝다.

살아 있는 박물관, 바이킹의 섬

발트해의 겨울은 혹독하다. 대륙풍이 몰아치고 파도도 거칠다. 이런 환경 속에서 북유럽 신화가 탄생했다. 고틀란드 동북쪽의 작은 섬 포뢴 해안의 향나무는 남쪽을 향해 바다을 기는 방향목(方向木)이다. 제주도의 방향목을 연상시킨다. 한때 적도였다는 증거를 강력하게 들이미는 산호초 파편이 모래언덕을 형성하고 파도에 닿은 석회암이 거친 자갈 해변을 만들어냈다. 희고 긴 해안에 북유럽 특유의 차가운 수온과 빛깔의 발트해가 싸늘하면서도 정갈한 풍경을 연출한다.

포뢴섬 북쪽에 있는 랑함마르는 '긴 해머'를 뜻하는 지명으로, 침식에 시달려 망치처럼 솟구친 바위 군락으로 유명하다. 3킬로미터 이상 기기묘묘한 바위가 줄지어 있다. 4억 3000년 전 발트해는 적도의 바다였으며 산호초가 번성했다. 오늘날 남아 있는 산호모래가 그 증거다. 기원전 9000년경 고틀란드는 이윽고 바다에서 융기했다. 석호가 형성되고 침식이 이루어지고 바람이 모래를 쌓아올려 사구를 만들었다. 오늘날 관광 명소로 유명한 해안 곳곳은 이 같은 지질시대의 '살아 있는 박물관'이다. 자연과 바이킹의 활동이 쌓이고 쌓여서 고틀란드의 문명사가 형성됐다.

고틀란드에 누가 언제부터 들어와 살게 됐는지 알려주는 정확한 자료는 없다. 그러나 적어도 청동기시대부터 인간이 이곳에 있었다는 고고학적 흔적은 남아 있다. 발트해와 북해를 중심으로 롱십(longship, 돛과 노가 함께 부착된 바이킹 배)을 이용한 바이킹의 이동과 정착은 현대인의 상상을 뛰어넘을 정도로 왕성했다.[13] 기원전 7000년경 최초의 고틀란드 사람으로 여겨지는 셸바르가 고틀란드 남쪽에 도착했다. 기원전 5500~기원전 2500년에는 셸바르의 후손이 고틀란드 해안과 남동쪽에 위치한 스트라칼쇠에서 인구를 불려나갔다. 기원후 200년경에는 최초로 그림을 각인한 금석 비석이 만들어졌다.[14]

바이킹돌에 각인된 선박

600~1000년경 고틀란드에서 출발하거나 섬 밖에서 안으로 들어오는 무역 항로가 만들어지는데, 이 시기는 대략 석기·청동기·철기 시대를 모두 관통한다. 중세에 무역의 시대가 열리기 훨씬 전, 바이킹의 시대였다. 고고학 발굴에 따르면 50여 개소의 항구와 무역 거점이 고틀란드 전역에서 확인된다. 배를 대기 안전한 발트해나 북해 곳곳마다 바이킹의 거주 흔적과 무역, 침략, 항해 흔적이 남아 있다.[15] 그래서 고틀란드 박물관은 중세 유물을 제외하면 가히 '바이킹 박물관'이다. 거친 쇠사슬과 은제 목걸이·팔찌, 청동제 방패와 철기 창날, 가죽옷과 장화는 오늘날 북유럽인의 패션과 장신구에 그대로 남아 있다.

셸바르의 전설과 유적

섬의 문명사적 궤적을 찾기 위해서는 유럽 최대의 시멘트 공장과 석회암 채석장으로 유명한 슬리테로 가야 한다. 슬리테는 오늘날 남동부에 자리한 아담한 산업도시다. 1999년 슬리테 북서쪽의 스필링 농장에서 세계에서 가장 큰 바이킹 보물이 발굴됐다. 100킬로그램이 넘는 은, 외국에서 들여온 1만 4000여 개의 동전, 유리구슬, 공구, 도자기, 철제 밴드 같은 일상품이 다량으로 발굴됐다. 이는 고틀란드에서 기후 조건이 가장 온화한 남쪽에 최대의 집단 주거지가 있었음을 시사한다. 섬세한 기술로 제작된 은팔찌와 목걸이를 걸치고 살벌할 정도로 강력한 창을 든 무리가 선사시대의 험난한 생존 환경을 극복하면서 이 섬을 지배했을 것이다.

슬리테에서 147번 도로를 타고 남쪽으로 30여 킬로미터 가면 중세 교회가 서 있는 고템에 당도한다. 거기서부터 다시 오른쪽으로 6킬로미터쯤 달리면 숲 속에 누워 있는 거대한 돌무더기가 보인다. 청동기시대의 것으로, 셸바르의 무덤이라 불린다. 모양새는 울창한 소나무 숲에 놓인 배다. 큰 바위가 줄지어 늘어서 배 모양을 이룬다. 13세기의 문헌 《구타사간(Gutasagan)》에 따르면, 고틀란드는 워낙 마술적인 섬이라 배가 낮에는 침몰하고 밤에 떠올랐다. 이 섬에 최초로 당도한 셸바르가 불을 가져온 뒤로 배가 가라앉는 마술이 사라졌다. 이는 섬에 최초로 불을 가진 세력이 등장했음을 뜻한다. 셸바르는 문명사적으로 볼 때 '고틀란드

바이킹 배를 형상한 돌무덤

에 불을 최초로 전한 프로메테우스'라고 보는 것이 맞을 듯하다.

고틀란드에서 발굴된 가장 오래된 인골은 대략 8000년 전 것이다. 하지만 이 돌배의 주인공이 살았던 시기는 그렇게 멀리 소급될 것 같지는 않다. 왜냐하면 청동기시대 후기(기원전 1100~기원전 500)에 장례 예법이 돌배 형식으로 바뀌었기 때문이다. 돌배는 무려 18미터 길이에 폭 5미터다. 실제 배 모양대로 묘사했다. 이 무덤의 주인은 자신이 타고 다니던 배를 돌 모양으로 만들어 영원히 기념했을 것이다. 바위에 새긴 묘비명에도 배가 등장한다. 한국인이 망자의 천도 의례 때 반야용선(般若龍船)을 호출하듯이, 바이킹도 망자를 위해 배를 호출했다. 그들은 바이킹이 살아가던 숲 속에 바위를 배 모양대로 연출하여 죽음의 의미를 시각적으로 꾸몄다. 돌배 무덤은 선사인의 첨단 야외 전시물인 셈이다.

셸바르의 전설과 유적은 이 섬의 초창기를 장식했던 이름 모를 바이킹의 거친 삶과 도전, 현실 극복과 죽은 후의 세계가 어떠했는지를 잘 알려준다.

누구나 탐낼 수밖에 없는 섬의 운명

이제 바이킹의 시대를 지나서 중세로 넘어가자. 크루즈가 당도하는 비스뷔(Visby) 항구 부두에서 성벽 쪽으로 들어서면 첫 번째 해안도로 벽면에 잘 다듬어 박아놓은 돌 십자가가 보인다. 배경에는 붉은 페인트가 칠해져 있다. 붉은 바탕과 회색 돌의 질감

이 묘한 느낌을 자아낸다.

　이 짧은 거리는 일명 '피의 거리'로 불린다. 1361년 덴마크의 왕과 군대가 비스뷔 항구로 몰려와 저항하는 농민군 1800여 명을 학살했다. 길거리는 피로 흘러넘쳤고 시신은 산처럼 쌓였다. 우리로 치자면 고려 말쯤 되는데, 이 피의 역사를 이곳 사람들은 지금도 잊지 못한다. 성 위쪽에 있는 언덕을 올라가면 나타나는 코르스베닝겐 잔디밭에도 원형의 돌 십자가가 하나 서 있다. 농민군이 학살된 지 29년 만인 1380년에 세워진 묘비다. 스톡홀름의 국립역사박물관 전시실 하나도 고틀란드의 참혹한 고통의 역사로 채워져 있다.[16] 발굴된 많은 유골 중에는 날카로운 쇠창이 여러 개 박힌 것도 있다. 대량학살의 결과다. 고틀란드의 역사에서 이런 비극은 심심치 않게 벌어졌을 것이다. 지정학적으로 교통로에 위치해 누구나 탐낼 수밖에 없는 섬의 운명일 수도 있다. 고틀란드에서 대를 이어 살며 농사를 짓고 고기를 잡던 원주민의 처지에서 본다면, 외부인의 시선과 달리 평화롭고 안정적이지만은 않았을 법하다.

　그런데 1361년 학살 당시 독일인이 중심이 됐던 상인 집단은 저항하지 않았다. 세금을 바치는 대신 덴마크로부터 무역할 권리를 얻는 데 급급했다. 이는 섬의 비극이었다. 고틀란드 역사에서 외부인 지배층과 원주민 농어민 간의 균열이 감지되는 순간이다. 반복되는 전쟁과 죽음의 역사는 이 섬의 역사가 바로 외부 세력과 원주민 간의 이중적 공존과 갈등을 기반으로 전개됐음을 뜻한다.

1361년 대학살에 죽은 사람의 해골
대학살 기념비

시간을 조금 더 거슬러 올라가 한자동맹 결성 당시로 가보자. 고틀란드의 발전과 쇠락, 전쟁과 번영 등이 모두 한자동맹과 직결되어 있기 때문이다. 중세와 근세가 시작되던 초기까지 한자도시는 사회와 경제 발전에 중요한 역할을 했다. 한자동맹을 통해 시민과 상인은 동쪽의 노브고로드에서 서쪽의 런던에 이르기까지, 또 북부 독일과 남부의 네덜란드, 벨기에에 이르기까지 연결됐다. 중세 번성기 기술 발전의 상징인 코그 배는 한자동맹의 상징이기도 했다. 이 배는 발트해를 떠나 누구도 상상하지 못했던 곳까지 오가며 물류 이동을 촉진했다. 물류 이동은 고틀란드에 부를 가져다주었고, 차곡차곡 돌을 쌓듯 이 섬의 문명사를 만들어갔다.

고틀란드인은 노브고로드 무역의 전문가

발트해 권역은 엘베강, 에더강을 통해 로마문명과 간헐적으로 접촉했다. 발트해 권역에서 발견되는 고고학 유물로 로마와 다양한 접촉을 했음을 알 수 있다. 그러나 여전히 발트해 권역은 유럽의 무역과 문화권에서 '표피적'이었고 '주변부적'이었다. 시간이 흐르면서 로마령 영국과 유럽 대륙 서부 해안을 따라서 로마와의 교섭 루트가 확장됐다. 그러나 역사의 전개 과정을 로마제국(지중해) 중심이 아니라 통시적으로 본다면 발트해는 주변부가 아닌 유럽문명과 슬라브문명이 교차하는 번화한 교차로였다.

5~6세기 이주의 시대에 게르만족의 해상 활동은 전 유럽을 석권했다. 여전히 유럽 북부에 남은 본류는 발트해와 노르웨이, 영국을 잇는 루트를 중심으로 주 근거지를 삼았다. 자연스럽게 발트해를 통한 교류가 활발하게 시작됐다. 고틀란드는 예나 지금이나 동서, 남북 교류의 중심 혹은 교두보 같은 징검다리 섬이었다. 동쪽으로는 오늘날 모스크바 근처에 있는 노브고로드를 주목할 필요가 있다.

고틀란드는 일찍이 러시아산 자연자원의 무한한 가치를 알아보았다. 그들은 바이킹 시대부터 발트해를 관통해 강을 따라 러시아 깊숙이 들어가 노브고로드에 무역 전진기지를 마련했다. 발트해 연안을 따라가면서 목격하게 된 풍부한 유라시아의 모피와 왁스, 타르, 목재를 보고 놀란 그들은 그것들을 가지고 돌아와 영국 왕에게 가서 직접 팔았다. 이러한 무역은 12~13세기에 고틀란드를 극도로 번성시켰다. 한마디로 '돈이 되는 장사' 였다.[17]

노브고로드는 일찍이 850년 무렵부터 슬라브인이 통치 중심지로 조성한 도시였다. 바이킹 시대에 묄라르 호수 지역과 고틀란드에서 온 상인이 슬라브인과 접촉을 시작했다. 고틀란드인은 이곳에 올로프 교회와 구텐호프 무역 센터를 세웠다. 한자동맹이 시작되는 12세기보다 훨씬 더 전에 고틀란드인은 노브고로드 무역의 전문가가 되어 있었다. 지정학적 위치 덕에 이상적인 무역기지가 될 수 있었던 고틀란드는 슬라브 권역에서 사들인 물건을 서방에 팔고, 서방에서 다시 슬라브 권역으로 물건을 팔아 많은 돈을 벌어들였다. 마침 섬에 무진장 쌓인 석회암을 이용해 곳곳에 고딕 양식의 교회를 세웠다.

노브고로드는 네바강을 통해 발트해로 직결된다는 점 그리고 유라시아 무역 루트의 종착지라는 점, 한자동맹을 통해 러시아의 모피·왁스·가죽·꿀·타르·목재 등을 활용할 수 있었다는 점에서 중요한 의미를 지닌다.[18] 1259년 이미 고틀란드에 들어와 있던 독일 상인은 노브고로드의 콘토르로 특별한 순례를 떠났다. 그들은 성당과 창고, 사무실, 거주지 등 다양한 건물을 축조했다. 한자동맹이 번성하던 시절 콘토르는 고틀란드 비스뷔 법률의 통제하에 있었다. 그러나 비스뷔가 덴마크 발데마르 왕에 의해 점거된 이후 북유럽 한자 도시의 맹주인 뤼베크가 콘토르를 통치했다.

1430년대에 구텐호프는 고틀란드에서 독일로 넘겨졌다. 1478년에는 이반 3세가 이곳을 점령하고 교회와 수도원, 공공건물을 차지했다. 그는 1494년에는 한자 상인을 투옥했다. 독일 상인은 콘토르에서 추방됐다. 그러나 여전히 고틀란드 상인은 러시아와의 오랜 무역을 지속했다.

한자동맹 무역도시의 중심 비스뷔

고틀란드의 중심인 비스뷔를 걷다 보면 '어떻게 이런 천년의 도시가 지금껏 고스란히 살아 있을까?' 하는 의문이 들 수밖에 없

고스란히 남아있는 성벽

중세풍의 전형적인 도시

다. 붉은 살림집 지붕, 검은 교회 지붕, 잿빛 석회암의 묘한 여운이 남는 건물. 비스뷔의 건축물은 단순히 한 면만 보고 평가해서는 안 된다. 큰 건물도 4층을 넘지 않는다. 작은 건물은 스무 평이 될까 말까 한 아담한 규모다. 건물마다 개성이 강하되, 전체적으로는 묘한 통일감을 준다. 현대인의 감각과 정신으로는 만들어낼 수 없는 중세 사회의 소박미와 안정감이 연출된다.

건물은 모두 예쁘게 가꾸어져 있다. 집마다 작은 장미 정원을 가꾸거나 집 앞 빈터에 장미를 심었다. 그래서 혹자는 고틀란드를 '장미의 섬'이라 부른다. 꽃이 지천인 동네. 아마도 중세에도 이렇게 살았을 것이다. 골목을 누비면서 수많은 집을 보았지만 꽃이 없는 집이 없었으며, 하다못해 창틀 아래나 층계에라도 화분을 두었다.

비스뷔 사람들은 엄청 벌어들인 돈으로 거대한 석회암 채석장을 만들었다. 여기서 돌을 캐 도로를 깔았다. 작지만 결코 작지 않은 도시 전체에 돌바닥 포장이 이루어졌다. 오랜 세월 이 길 위로 사람과 마차가 다니고 자동차가 다니면서 돌바닥은 반질반질 윤기를 얻었다. 천년을 뛰어넘어 아직도 중세 사회 그대로의 돌길이다. 비라도 내리면 길은 반질반질 보석처럼 빛난다. 안개가 낮게 깔리고 비가 부슬부슬 내리는 날 천년의 도로가 도시의 정체성을 강하게 드러내며 거미줄처럼 성안 골목마다 이어진다.

한자동맹 무역도시의 중심인 비스뷔는 고틀란드 서쪽 해안에 이렇게 천년을 넘도록 아름답게 남아 있다. 중세 초기의 문헌에 비스뷔는 거의 언급되지 않았다. '고틀란드와 고틀란드 해안' 정도가 언급되는 정도였다. 그러나 고고학적 발굴에 따르면, 고틀란드에는 비스뷔를 비롯해 무려 50여 개의 항구와 무역 거점이 있었다. 비스뷔는 바이킹 시대에도 존속했다. 북부 독일인이 12세기에 전진기지를 비스뷔에 마련한 이후 독점적인 무역 거점으로 거듭났고 항구의 규모도 커졌다. 비스뷔는 마침내 발트해 한자동맹의 거점이 됐다. 그 대신 비스뷔를 제외한 다른 여러

항구는 크게 성장하지 못했다.

독일 북부의 뤼베크 상인은 대부분 1150년대에 고틀란드에서 노브고로드로 이어지는 러시아의 번영하던 무역 루트를 따라서 고틀란드에 왔다. 이들은 비스뷔에 성모마리아 교회를 세웠다. 신성한 공간이자 다양한 세속적 목적을 겸하는 공간이었다. 한자동맹의 우두머리 도시인 비스뷔, 뤼베크, 도르트문트, 조스트 사람들이 돈과 서류, 그 밖의 귀중품을 이 교회의 거대한 저장소에 보관했다. 번영을 구가하던 13세기에 비스뷔의 작은 나무 집은 석회암으로 튼튼하게 다시 지어졌으며, 곳곳에 열일곱 개의 교회가 세워졌다. 마침내 비스뷔는 북부 유럽에서 가장 현대적인 도시로 거듭났다.

천년 도시에는 중세의 여전함이

그 어떤 한자 도시에서도 볼 수 없는 13세기의 고색창연한 건물을 비스뷔에서는 지금도 볼 수 있다. 1280년대에 세워진 3킬로미터 길이의 성벽도 여전히 남아 있다. 시내의 국립 고틀란드 박물관에는 당시의 냉장창고를 비롯해 다양한 저장 시설이 그대로 보존되어 있다. 독일인이 세운 성모마리아 교회는 여전히 온전하게 사용되고 있으며, 그 밖에 많은 교회 유적도 남아 있다. 상업 시설도 다수 남아 있어 중세의 분위기가 그대로 이어진다.

해마다 8월이면 '중세 주간'이라 하여 날마다 축제가 열린다.

비스뷔 사람들은 중세 음악을 연주하고 한자 시대의 상인과 장인, 성직자로 분장한 채 춤과 게임을 즐긴다. 아무리 관광객을 유치하려는 목적이 있다고 해도 전통을 계승하려는 비스뷔 사람들의 전통적 정체성에 관한 합의와 이해 없이는 불가능한 축제다.

12세기에 고틀란드에는 거의 100여 개의 석조 교회가 축조됐으며, 그 후로도 무려 250여 년간 건축이 이루어졌다. 세월이 흐르면서 전쟁과 화재로 많은 교회가 파괴됐다. 비스뷔에도 무너진 교회가 많은데, 단단한 석회암 덕에 지붕과 문은 사라졌어도 골조는 그대로 남아 있다. 하지만 무너진 성전도 그 나름대로 도시의 분위기 조성에 한몫한다. 사람들은 무너진 교회에서 음악회를 열기도 하고 전통 축제를 벌이기도 한다. 1227년에 축성된 성 니콜라이 성당은 지붕이 없지만 조금 보수하여 일부를 음악회나 회의실로 사용한다. 그래서 이 성당을 '문화 성당'이라고도 한다. 1225년 성모마리아에게 헌정된 비스뷔 가톨릭 성당은 지금도 사용된다. 해마다 여름이면 휴가를 겸한 순례자가 찾아와 촛불을 켠다.

무너진 드로텐 교회 앞에는 스웨덴의 유명한 발명가인 크리스토퍼 폴헴의 이름을 딴 폴헴 공원이 있다. 짙은 보랏빛 바이올렛이 만발하고 녹색의 청동 조각과 잿빛 석회암이 뒤섞여 묘한 분위기를 만들어낸다. 1250년대에 세워진 카타리나 성당은 상업 시설이 밀집한 광장에 폐허가 되어 남아 있다. 말쑥하게 정비를 마치고 카페로 성업 중인 광장의 번잡스러움 바로 곁에 천년의 묵직한 무게가 폐허로 다가온다.

**한자동맹의 맹주 지위를 상실하고,
해적에게는 약탈당하고**

1150년에 한자동맹이 조직되면서 비스뷔는 오늘날 노르웨이의 베르겐, 에스토니아의 탈린과 더불어 북유럽의 중요한 무역 거점이 된다. 1288년 비스뷔의 한자 상인과 농민 사이에 내전이 벌어졌다. 비스뷔의 부르주아 상인은 무역을 독점할뿐더러 농민과 이 도시로 들어오려는 사람에게 입장세를 부과했다. 독일 상인과 농민 사이의 내전은 불을 보듯 뻔했다. 튼튼한 성벽이 조성된 것은 이때부터다. 토착 농민과 외부에서 들어온 상인 간의 갈등은 이렇듯 오랜 역사를 지닌다.

  14세기에 비스뷔는 발트해 한자동맹의 맹주 지위를 상실한다. 많은 재앙이 비스뷔와 고틀란드에 닥쳤다. 1350년 페스트가 만연하여 섬은 황폐화됐고, 1361년에는 덴마크에 의해 점령된다. 이때 앞에서도 언급했듯이 대규모 양민 학살이 벌어졌다. 그러나 부르주아 상인 집단은 농민이 1800명씩이나 죽어 나가는데도 못 본 체했다. 새로운 지배자 덴마크는 왕의 권위를 내세워 세금으로 과도한 금과 은을 요구했으며, 이는 고틀란드가 내리막길로 들어서는 계기가 됐다.

  1396년 고틀란드는 발트해를 누비던 해적에게 약탈당했으며, 1398년에는 독일기사단의 손아귀로 떨어졌다. 15세기부터 16세기 중반까지 지배자 덴마크는 과도한 세금과 통과세를 요구했고, 발트해에서 해적질까지 행했다. 무려 1000퍼센트가 넘는 세금을 부여하자 섬의 독립과 번영은 끝이 났다. 이 같은 무한 착취는 번영을 구가하던 이 섬을 더 이상 성장할 수 없게 만들었다.

  1525년 뤼베크 상인은 발트해에서의 해적질을 근절하고자 비스뷔를 공격했다. 마침내 뤼베크와 덴마크, 스웨덴 사이에 협상이 이루어져 고틀란드는 덴마크에 복속된다. 1645년 고틀란드는 300여 년간의 덴마크 통치에서 벗어나 스웨덴에 정복됐다. 한때 스웨덴의 힘이 약해지자 러시아가 고틀란드 동해안을 공격했고, 1850년 크림전쟁 때는 영국과 프랑스 함대가 포뢴섬에 정박지를 마련하기도 했다.

  고틀란드의 굽이진 역사를 들여다보면 과연 이 섬의 독자적이고 온전한 역사가 가능할까 하는 의문이 든다. 고틀란드는 이웃 나라인 덴마크·독일·스웨덴, 나아가 동쪽의 러시아라는 해양 강국의 각축 속에서 일상적인 영향을 받았던 섬이다. 덴마크의 직접 통치, 독일 상인의 도시 건설과 무역 경영이 이곳 원주민의 삶에 긍정적, 부정적 영향을 남겼다.

1917년의 볼셰비키 혁명 이후 발트해의 패권을 둘러싸고 러시아와 나토의 대결이 펼쳐졌다. 오늘날 고틀란드는 과거의 무역항 역할에서 군사적 거점으로 재조명되고 있다. 고틀란드의 운명은 어떻게 될 것인가? 앞으로도 고틀란드는 오랜 전통을 무기로 스스로의 삶과 문화를 이어갈 것이다. 지난 천년의 증거가 있지 않은가.

전통과 역사를 기억하는 그 나름의 방식

비스뷔 성문 밖에는 1861년까지 쓰였던 처형장이 있다. 처형장에는 세 개의 돌기둥이 서 있는데, 이 기둥에 죄인의 목을 매달아 범죄의 극악함을 교훈으로 전했다. 비스뷔 사람들은 이 섬뜩한 처형장에서 여름밤 축제를 연다. 역사를 기억하는 그들 나름의 방식이다.

성의 동쪽 해안에는 1855년에 세워진 식물원이 하나 있는데, 지중해성 기후 덕분에 다양한 식물이 자란다. 식물원을 거닐다 보면 이곳이 북유럽인지, 지중해 연안인지 자못 헷갈린다. 식물원에는 경이로운 식물분류학자 칼 린네의 얼굴을 조각한 나무상이 하나 서 있다. 린네가 1735년 《자연의 체계》를 발표하여 세상을 뒤집어놓은 해로부터 120여 년 뒤 비스뷔에 식물원이 세워진 것이다. 린네가 봉직했던 스웨덴 웁살라 대학 분교가 고틀란드 항구에도 세워졌는데, 이는 이곳 사람들이 전통을 이어가

해마다 여름에 열리는 정치집회

려는 작은 노력의 하나다.

　이들이 전통을 기억하는 방식은 호수에서도 찾을 수 있다. 도심에서 성문 밖으로 나가면 알메달렌(Almedalen, '느릅나무 계곡'이라는 뜻)이라는 호수가 있다. 원래 바이킹 시대에 배를 댔던 작은 석호였다. 1870년대에 느릅나무를 심으면서 알메달렌이라는 이름을 얻었다. 석호 주변에 건축물이 들어서고 해변도로가 생겨났다. 오늘날 알메달렌은 여름철이면 다양한 정치 집회가 열리는 곳으로 유명하다.

　휴가를 보내기 위해 많은 스웨덴인이 고틀란드를 찾는 큰 이유 중의 하나가 알메달렌 호숫가에서 펼쳐지는 정치 집회, 아니 정치 축제 때문이다. '알메달렌 정치박람회', '알메달렌 정치주간'이라고도 일컫는다. 섬의 새로운 전통 만들기라고 할 수 있다. 1968년 올로프 팔메(스웨덴 총리)가 픽업트럭에 올라가서 즉흥 연설을 한 것이 이 정치 축제의 시초라고 한다.

　스웨덴 국립역사박물관의 상당 부분을 차지하는 바이킹 유물 중에는 고틀란드에서 온 것이 많다. 고틀란드 박물관의 첫 전시실은 각 지역에 산재한 바이킹 돌로 채워져 있다. 금석문과 암각화 등을 모두 합친 개념인데, 그들의 역사·사상·철학·문화를 종합한 기념비적 거석문명 유물이다. 스톡홀름이나 비스뷔 공항에도 그 모조품이 으레 하나쯤은 서 있다.

　남부에서 돌아오는 길에 들른 니스뵈르드는 30여 채의 작은 건물이 밀집한 한적한 풍경의 어촌이다. 집 앞에는 그물을 말리는 건조대가 겨울철 나목처럼 즐비하게 서 있고, 나무 방파제가 석호에 의지하여 바다로 연결된다. 그런데 이런 한적한 어촌도 사실은 바이킹 시대의 유물이 쏟아져 나온 오랜 항구다. 스웨덴 고고학자의 표현을 빌린다면, 지금까지 나온 바이킹 유물은 불과 5퍼센트도 안 될 것이다.

    고틀란드인이 전통과 역사를 기억하는 방식은 매우 다채롭다. 자연은 획일적일 정도로 단순하게 펼쳐지지만, 이곳 사람들은 자못 아기자기한 방식으로 전통과 역사를 이어간다. 이런 전통과 역사가 쌓이고 쌓여 섬의 문명사를 형성하는 것이리라.

발트해의
패권 전쟁

_스웨덴·독일·러시아·
폴란드의 쟁투

항구도시가 국민국가로 넘어가다
서부 발트해에서 경쟁하는 스웨덴과 폴란드
200년에 걸친 스웨덴과 러시아의 각축
동부 발트해의 새로운 패권국, 러시아
은, 발트해를 여는 열쇠
17세기는 네덜란드의 시대
영국의 산업과 함대에 중요했던 러시아산 원료
근대 발트해 무역의 패권은 서유럽 상인이

보통 '장기(長期) 16세기'라 일컫는 근대 초기에 유럽의 판도는 거대한 변화를 겪었다. 중세 유럽의 경제 중심지는 동방무역과 연결된 지중해였다. 그러나 15세기 말 지리상의 발견은 대서양 시대의 개막을 알렸고, 영국·프랑스·네덜란드 등 북서유럽 국가가 경제대국으로 떠올랐다. 즉 유럽의 경제 중심지가 지중해에서 북서유럽으로 이동한 것이다. 나아가 북서유럽은 세계 물류에서도 주도권을 갖게 됐다.

항구도시가 국민국가로 넘어가다

지리상의 발견 이전 유럽이 유라시아 대륙의 서쪽 변방이었다면, 아메리카의 발견과 새로운 아시아 항로의 개척은 유럽을 지구의 중심에 위치하게 만들었다. 유럽의 서쪽에 아메리카 귀금속이 있다면, 동쪽 아시아에는 귀금속 화폐를 가지고 구입할 상품이 있었던 것이다.

그러나 상대적으로 영토가 협소한 북서유럽의 해상국가, 즉 영국과 네덜란드가 이러한 확대된 세계무역을 주도하기에는 자원이 턱없이 부족했다. 그래서 이들은 광대한 토지와 자원을 보유한 발트 지역에 더 많은 관심을 갖게 됐다.

근대에 들어와 발트해와 북해 지역의 판도는 크게 변했다. 새롭게 등장한 근대국가는 한자 도시의 입지를 약화시켰다. 한자동맹은 스웨덴, 폴란드, 러시아 등 다른 발트 국가의 자국 보호 정책에 대항하기 어려웠다. 1466년 폴란드는 중요한 한자 도시인 그단스크를 되찾았고, 1494년 모스크바의 이반 3세는 노브고로드의 한자 상관을 폐쇄했다.

북해 연안국도 상황은 마찬가지였다. 16세기 전반 네덜란드는 에스파냐에서 독립하며 유럽의 무역 강국으로 성장했고, 16세기 후반 영국 역시 에스파냐의 무적함대를 격파하며 해양강국으로 떠올랐다. 1469년 뤼베크는 잉글랜드에서 물러났고, 15세기 후반 네덜란드는 준트 해협을 넘나들며 한자 도시를 위협했다. 특히 덴마크는 뤼베크와의 전쟁에서 승리하여 1536년 협정에 따라 준트 해협과 양 벨트[19]의 무역을 통제하고 관세를 거둘 수 있게 됐다.[20] 이렇게 해서 기존 한자동맹에 영향을 받던 북해와 발트해 연안의 항구도시가 국민국가의 수중으로 넘어가기 시작했고, 이제 새로운 국가 사이에 경쟁이 시작됐다.

서부 발트해에서 경쟁하는 스웨덴과 폴란드

특히 스웨덴의 성장이 두드러졌다. 덴마크에 속했던 스웨덴은 16세기 초반 구스타브 바사(구스타브 1세)를 중심으로 왕권을 강화했고, 가톨릭에서 벗어나 루터파를 받아들였다. 이후 스웨덴은 16세기 말부터 17세기 초까지 수차례 덴마크에 도전했다. 하지만 성공을 거두지는 못했다.

 구스타브 아돌프(구스타브 2세) 때에 와서야 스웨덴은 국가 조직을 정비하고 군사 개혁을 단행하여 유럽의 강력한 군사 세력으로 떠올랐다. 구스타브 아돌프는 특히 종교전쟁인 30년 전쟁에서 스웨덴의 존재를 유럽 강국에 강렬히 심어주었다. 스웨덴 군대는 개신교의 일원으로 독일 원정을 시작하여 가톨릭의 수호자인 신성로마제국 군대를 수차례 격파하며 30년 전쟁의 승기를 개신교 쪽으로 가져왔다. 이 과정에서 1643년 덴마크가 스웨덴에 적의를 드러내자 스웨덴은 유틀란트로 군대를 보내 덴마크를 격파하고

구스타프 아돌프 동상

서부 발트해의 강자가 됐다. 1648년 30년 전쟁을 종결짓는 베스트팔렌조약이 체결됐을 때 스웨덴은 뤼겐을 포함한 서부 포메른, 슈체친, 비스마르 등을 차지하며 유럽 강대국의 일원으로 인정받게 됐다.

오랫동안 독일의 압박으로 위축됐던 폴란드 역시 발트해의 주요 세력으로 성장했다. 중세에 폴란드는 신성로마제국에 예속되어 있었고, 오랫동안 독일기사단(독일의 전투적 종교 기사단)으로부터 시달림을 받아왔다. 14세기 초에는 발트해 연안의 중요한 항구도시인 그단스크를 독일에 내주게 됐다. 그단스크는 단치히라는 독일식 이름으로 바뀌었고, 1361년에는 한자 도시가 됐다.

그 후 폴란드는 왕실 결혼(1386)을 통해 리투아니아와 긴밀한 관계를 형성했다. 차츰 세력을 키운 폴란드는 리투아니아와 연합군을 형성해 그륀발트 전투에서 독일기사단을 격파하며 발트해의 새로운 강자로 떠올랐다. 1466년 카지미에시 4세가 독일기사단과의 13년 전쟁에서 최종적으로 승리하면서 다시 그단스크를 차지하게 됐고,[21] 1569년에는 루블린 합병으로 폴란드-리투아니아연합국이 됐다.

그단스크는 비스와강을 끼고 있는데, 이 강은 폴란드 내륙에서 시작하여 여러 농업 지역을 돌아 그단스크를 거쳐 발트해로 흐른다. 그단스크는 준트 해협을 항해하는 북서유럽의 선박이 쉽게 정박할 수 있는 항구인지라 폴란드는 서부 발트해 무역에서 중요한 입지를 마련한 셈이다.

200년에 걸친 스웨덴과 러시아의 각축

동부 발트해에서는 스웨덴과 러시아가 약 200년간에 걸쳐 치열한 각축을 벌였다. 양국이 다투었던 핵심 지역은 오늘날 발트삼국 지역과 네바강 연안이었다. 먼저 스웨덴이 주도권을 잡았다. 스웨덴의 에리크 14세는 러시아의 이반 4세가 벌인 독일기사단과의 전쟁에 개입하여 1561년 오늘날 에스토니아 지역을 수중에 넣었다. 에스토니아의 탈린과 타르투는 러시아 무역의 상당 부분을 통제할 수 있는 요지였다.

이후 스웨덴은 독일기사단과의 전쟁이 끝나는 1583년에 러시아와 휴전협정을 맺고 나르바강에서 네바강 유역에 이르는 이반고로드(아닐린), 코포리예, 얌 등의 주요 요새를 확보했다. 17세기 초에는 러시아가 동란의 위기에 빠진 틈을 타서 다시 러시아를 공격했고, 1617년 스톨보보조약을 맺어 나르바강에서 네바강 그리고 라도가 호수에 이르는 방대한 지역을 굳건히 지켰다. 이로써 러시아는 발트해와 완전히 차단됐다. 스웨덴 왕 구스타브 아돌프는 스톡홀름 의회에서 "이제 우리 허락 없이 러시아 상인은 발트해에 배 한 척도 들여놓을 수 없다"라고 단언했다.[22]

러시아는 1613년에야 로마노프왕조가 들어서면서 동란으로 인한 혼란을 수습하고 붕괴된 국가 체계와 경제 기반을 복구할 수 있었다. 무엇보다 러시아는 발트해 진출이 절실했다. 광대한 영토에서 생산되는 다양한 산물을 서유럽 국가에 판매해야 국가 재정을 확보하고 국가 경제도 발전시킬 수 있기 때문이었다.

1703년 상트페테르부르크의 시작을 알린 표트르-파벨 요새

또 서유럽과 경제 교류를 해야 자연스럽게 서유럽의 다양한 선진 기술, 특히 군사 기술을 수용할 수 있었다.

동부 발트해의 새로운 패권국, 러시아

17세기에도 러시아는 스웨덴의 위세에 밀려 발트해 진출은 엄두도 내지 못했다. 그러다가 18세기에 들어와 표트르 대제는 스웨덴에 선전포고를 하고 발트해 패권에 도전했다. 그러나 전쟁 시작부터 진정한 전사왕이라 할 만한 스웨덴의 칼 12세와 용맹한 그의 군대에 패해 큰 위기를 맞았다.

표트르 대제는 위기 상황에서 특유의 저돌성을 발휘했다. 가혹할 정도로 인력과 물자를 징발하여 대대적인 국가 개혁을 추진했고, 특히 군대를 혁신하고 러시아 최초로 해군을 건설했다. 또 1703년 네바강 연안을 점령하고, 그곳에 상트페테르부르크를 건설하여 발트해로 진출할 확고한 기반을 닦았다. 상트페테르부르크를 방위하기 위해 1703년에는 표트르-파벨 요새를 건설하기 시작했고, 1705년 해군성을 건설해 전함을 생산하게 했다. 해군성은 러시아 발트함대의 본산이며, 상트페테르부르크는 러시아 최대 전함 생산지로 성장했다. 표트르 대제 시기 러시아에서 생산된 전함 895척 가운데 약 30퍼센트가 새로운 도시 상트페테르부르크에서 생산됐다. 이후 표트르 대제는 1704년 나르바를 차지했고, 1710년에는 발트해의 주요 항구인 탈린과

리가 그리고 핀란드 국경 지역의 비보르크를 점령함으로써 사실상 동부 발트해의 주요 항구를 모두 손에 넣었다.

그러나 전쟁을 종결짓고 새로 확보한 지역 모두를 공식적으로 병합하기 위해서는 결정적인 승리가 필요했다. 1719~1720년 러시아의 발트함대는 스웨덴 본토를 공격해 동부 스웨덴 지역을 초토화했다. 스톡홀름마저 위험한 상황이 됐다. 러시아는 갤리선을 도입해 지상군을 스웨덴 본토에 투입하는 데 상당한 성과를 거두었다. 본토 공격은 종전 협정에서 러시아가 점령한 지역을 모두 차지하는 데 중요한 역할을 했고, 마침내 1721년 뉘스타드조약을 맺고 러시아는 리가, 탈린, 나르바, 상트페테르부르크, 비보르크 등을 러시아 영토로 확정지었다. 이로써 러시아는 발트해로 진출하여 동부 발트해의 새로운 패권국이 됐다. 이후 스웨덴은 여러 차례 러시아에 도전했지만 더 이상 러시아의 상대가 되지 못했다.[23]

은, 발트해를 여는 열쇠

이렇듯 16~18세기 초에는 덴마크, 폴란드, 스웨덴, 러시아 등이 발트해 지역을 놓고 치열한 패권 다툼을 벌였고, 18세기부터는 단연 러시아의 외교·군사적 주도권이 확대됐다. 이제 과거 한자동맹에 속했던 도시는 발트해 지역 국민국가에 귀속됐고, 발트해 국가는 자국의 항구를 통해 해상무역을 할 수 있게 됐다.

탈러화, 1763

그러나 한자 도시의 위세는 사라졌지만, 실제 발트해 무역을 주도한 세력은 발트 지역 국가가 아니라 북서유럽이었다. 17세기에는 네덜란드의 우위가 분명했고, 18세기부터는 영국이 헤게모니를 쥐고 무역을 주도해갔다.

발트 무역은 16세기부터 중요한 변화를 겪는다. 무엇보다 지리상의 발견으로 북서유럽은 대서양을 통해 서아시아와 아프리카는 물론이고 아메리카, 인도, 동남아시아, 중국, 일본으로까지 진출하게 됐다. 그러나 지속적으로 해상무역을 해나가려면 어마어마한 양의 곡물과 원자재 등이 필요했다. 하지만 네덜란드는 모든 것이 부족했고, 영국은 인구 증가와 함께 삼림자원이 부족해졌다. 북서유럽 국가는 오랫동안 발트해를 통한 무역을 해왔기에 필요한 상품을 동유럽에서 얻을 수 있다는 사실을 알고 있었다. 그렇지만 그 상품을 얻기 위해서는 많은 비용을 지불해야 했다.

당시 발트해 무역의 국제화폐는 탈러(thaler)라는 은화였다. 은은 멕시코나 볼리비아의 은광에서 산출됐는데, 아메리카의 귀금속은 서유럽이 동유럽이나 아시아와 무역을 하는 데 유리한 환경을 만들어주었다. 전 유럽, 나아가 전 세계적으로 가격차를 만들었기 때문이다. 페르낭 브로델과 프랭크 스푸너의 연구에 따르면, 중세에서 근대로 넘어가면서 유럽의 물가는 서쪽으로 갈수록 비쌌고 동쪽으로 갈수록 저렴했다.[24] 결국 아메리카의 귀금속으로 인해 북서유럽 국가는 동유럽에서 저렴한 가격으로 자국 경제에 필요한 곡물과 원자재 등을 구입할 수 있었다.

귀금속은 라틴아메리카의 식민 모국인 에스파냐로 들어왔지만, 이는 다시 경제 논리에 따라 부유한 플랑드르·네덜란드로 빠져나갔고, 나중에는 영국으로 흘러갔다. 이들 국가는 대략 은 24.66그램 전후의 다양한 탈러화를 만들어 발트해 무역의 지불 수단으로 사용했다. 브로델의 표현에 따르면, 은이야말로 발트해를 여는 열쇠였다.

17세기는 네덜란드의 시대

17세기는 네덜란드의 시대였다. 네덜란드인은 발트해 무역을 '어머니 무역'이라 부를 만큼 중요시했다. 영토와 자원이 열악한 네덜란드에서 어업과 무역 등의 해상 활동은 삶의 젖줄이었다. 토지도 부족한데 침수 지역까지 많은 네덜란드는 무역으로

그단스크, 16세기 후반, 스톡홀름왕립도서관

특히 곡물과 산업 원료를 확보해야 했다. 네덜란드는 준트 해협을 통과해 발트해로 진입하여 그단스크나 칼리닌그라드 등지에서 필요한 곡물과 목재 등을 수입했다. 특히 그단스크를 통한 곡물 무역은 오랫동안 지속적으로 수행됐다. 폴란드의 농업 지역에서 생산된 곡물은 비수아강을 타고 올라와 그단스크 항구에 도착했다. 그러면 네덜란드는 곡물을 자국 상선에 싣고 돌아와 암스테르담의 창고에 보관했다. 점점 '서유럽은 곡물 수입 지역, 동유럽은 곡물 수출 지역'이라는 하나의 고정된 패턴이 자리를 잡아갔다. 이렇게 해서 근대적 의미의 국제적 노동 분업이 생겨났으며, 이는 서유럽의 제조업 발전에는 도움이 됐지만, 결과적으로 동유럽을 농업국가로 남게 했다.

영국의 산업과 함대에 중요했던 러시아산 원료

영국도 발트해에서 교역을 했지만, 17세기에는 상업 기술과 자본 조달 면에서 네덜란드와 경쟁하기 어려웠다. 그래서 영국은 좀 더 먼 러시아까지 진출해야 했다. 18세기가 되자 영국은 점차 러시아와의 무역에서 네덜란드를 제치고 두각을 나타내기 시작했다. 심지어 네덜란드 자본을 지원받아 발트해 무역을 주도하며 18세기를 이끌어갔다. 영국의 농업 사정은 네덜란드에 비해 좋아서 영국 상인은 곡물보다 목재, 타르, 아마, 대마, 철 등 선박 재료에 더 많은 관심을 보였다. 특히 러시아산 아마와 대마는 영국 상선과 함대 건설에 없어서는 안 될 범포와 굵은 밧줄을 만드는 요긴한 재료였다. 이는 오랫동안 세계 어느 지역에서도 대체할 수 없는 핵심 상품이었다.

또한 18세기에 영국은 기다란 러시아산 돛대 수입을 독점하다시피 했다. 이는 영국 전함이 월등한 속도를 낼 수 있었던 핵심 요소였다. 프랑스는 러시아산 돛대를 구하지 못해 돛대 두 개를 연결해서 썼는데, 전함이 속력을 내면 돛대가 부러지곤 했다. 나폴레옹의 대륙봉쇄로 1808년부터 1811년까지 영국과 러시아 간의 공식 무역이 중단됐을 때도 영국은 대륙봉쇄 이전보다 더 많은 러시아산 아마와 대마 등을 수입했다.[25] 영국은 많은 비용을 감수하면서까지 밀무역을 통해 필요한 상품을 손에 넣었던 것인데, 그만큼 러시아산 원료가 영국의 산업과 함대에 중요했음을 말해준다.

상품거래소

한편 영국은 산업혁명이 시작되는 18세기 말부터 러시아의 곡물, 수지, 건축용 목재 등 제조업에 필요한 상품 수입을 늘렸다. 수지는 초를 만드는 원료였다. 수지 초는 왁스 초에 비해 품질은 좋지 않지만 가격이 저렴해서 공장의 야간작업에 이용됐다. 19세기에 들어오면 영국은 거푸집을 떠서 수지 초를 생산하기 시작했고, 점차 광산 현장에서도 이 초가 사용됐다. 영국은 수지 초의 대부분을 러시아산 수지로 만들 정도로 러시아에서 많은 양을 수입했다. 이렇게 해서 산업혁명기 영국의 공장과 광산은 가스등이 도입되기 전까지 러시아산 원료로 만든 초를 밝혀 야간작업과 갱내 작업을 진행할 수 있었다. 전반적으로 러시아산 원료는 산업혁명기 영국의 원자재 가격을 안정시킴으로써 영국 제조업의 지속적인 발전에 기여했다.

나아가 영국은 18세기 말부터 러시아산 곡물 수입도 늘렸다. 물론 지주에게 유리한 곡물법 때문에 평소의 곡물 수입은 많지 않았으나, 자연재해 등으로 기근이 들면 어김없이 러시아산 곡물이 들어와 경제를 안정시켜주었다. 이후 1840년대에 곡물법이 폐지되면서 매년 많은 양의 러시아산 곡물이 수입되어 영국의 곡가 상승을 저지했다. 이렇게 해서 영국의 노동자는 러시아산 곡물로 만든 빵을 먹고 중국에서 수입한 차에 카리브 지역에서 들어온 설탕을 섞어 마시면서 고된 노동을 감당했다. 결국 러시아산 곡물이 노동자의 가계에 가장 중요한 식비를 안정시켜 임금 상승의 동기를 지연함으로써 영국의 산업혁명이 순항할 수 있게 도운 셈이었다.[26]

근대 발트해 무역의 패권을 잡은 서유럽 상인

근대 유럽에서는 한자 도시와 발트해 국가 간에 치열한 패권 경쟁이 벌어졌고, 마침내 새롭게 중앙집권국가로 떠오른 폴란드·스웨덴·러시아 등이 정치적 패권을 차지했다. 영토국가의 등장은 분권화됐던 중세에 비해 발트해 교역을 안정시켰다. 새로 등장한 국가는 자신의 영토를 확정하고 생산을 안정시키며 무역 장려 정책을 펼쳤다. 이들 국가는 발트해 무역을 통해 생산을 지속적으로 증대시킬 수 있었는데, 서유럽의 지속적인 수요가 없었다면 국내 수요만 가지고 생산의 추진력을 찾을 수는 없었을 것이다.

그러나 근대 발트해 무역에서 경제적 패권을 쥔 이들은 서유럽의 상인이었다. 이들이 동유럽과 서유럽 간 항해의 대부분을 담당했고, 점차 대출과 보험 서비스 등도 발전시켜 나갔다. 이는 단순한 국제적 분업에서 한 부분을 담당하는 것에 그치지 않고 세계화 시대의 개막과 함께 서유럽 국가의 경제 발전을 가속화시켰다. 분명 네덜란드와 영국은 발트해 무역 없이는 발전을 이루지 못했을 것이다. 값싼 폴란드산 곡물이 아니었다면 네덜란드는 더 많은 인력과 자본을 농업에 투입해야 했을 것이고, 러시아의 목재·아마·대마 없이 영국의 세계 항해는 가능하지 않았을 것이다. 또 러시아의 수지, 곡물 등이 없었다면 영국의 산업혁명은 좀 더 지체됐을 것이다.

호박 루트를
　　찾아서

호박은 잃어버린 지질시대의 역사를 웅변해준다. 호박 속에 갇힌 모기의 피에서 공룡 DNA를 추출하는(실제로는 불가능하다지만) 인상 깊은 장면이 나오는 영화 〈쥬라기 공원〉에서 보듯 호박에 사로잡힌 동식물은 고생물학의 보고(寶庫)라 할 수 있다. 한국인에게 호박은 마고자나 노리개, 비녀에 장식하는 용도로 널리 쓰였다. 황색의 투명한 호박은 '금패(錦貝)', 누런색의 불투명한 호박은 '밀화(蜜花)'라고 했다. 한국인에게 호박은 그저 흔한 장식품의 하나였을 뿐이나, 북유럽인은 호박을 보석 중의 보석으로 간주했다.

수천 년 역사의 '앰버 로드'

발트해에서 호박을 보석으로 활용해온 역사는 선사시대까지 거슬러 올라간다. 선사인도 땅에서 다량 채취되는 호박의 영롱한 빛에 반했을 것이고, 이를 다른 종족과 거래했을 것이다. 그 덕분에 발트해 곳곳의 선사시대와 바이킹 유적에서 금·은과 더불어 다량의 호박 원석과 가공품이 발굴되고 있다. 이는 발트해 연안이 호박의 주산지였음을 뜻한다. 호박은 발트해 무역로를 따라서 유럽 전역은 물론이고 지중해 연안으로도 퍼졌다. 이를 역사상 '앰버 로드(Amber

Road)', 일명 호박길이라고 한다.

고대인에게 호박은 '북방의 금'으로 불렸다. 호박은 오늘날 발트삼국의 강을 통해 이탈리아, 그리스, 시리아, 이집트 등지로 운반됐다. 북유럽에서 지중해로 호박이 이동한 것은 이미 기원전 16세기였다. 이집트 파라오 투탕카멘의 유방은 커다란 발트해산 호박색 구슬로 장식돼 있는데, 지중해를 통해 북아프리카와도 호박 무역이 이루어졌음을 알 수 있다. 호박은 델포이의 아폴로 신전에도 바쳐졌다. 발트해에서 흑해로 이동한 호박은 동방의 실크로드와 만나 아시아로도 이동했다. 로마시대에는 발트해에서 오늘날의 체코를 거쳐 아드리아해까지 무역로가 뻗어 있었다. 발트해의 카우프와 트루소의 옛 프로이센 마을은 남쪽으로 향하는 출발점이었다. 발트해로 돌출된 러시아령 칼리닌그라드는 러시아어로 '호박을 뜻하는 황색 지역'을 의미했다.

실크로드 교역품이 노브고로드를 경유해 발트해로

바이킹의 군사적·상업적 성장과 인구 팽창은 스칸디나비아뿐 아니라 브리튼 제도, 아일랜드, 프랑스, 키예프공국, 시칠리아 등 광범위한 지역에 영향을 미쳤다. 롱십으로 대표되는 진보한 항해술 덕에 본거지인 스칸디나비아에서 멀리 떨어진 지중해 연안, 북아프리카, 중동, 중앙아시아까지 바이킹의 활동이 미쳤다. 바다와 강을 통한 탐험과 식민 시대가 지난 뒤 바이킹은 북서유럽, 러시아, 북대서양 도서, 멀리는 북아메리카 북동해안에 이르기까지 지구 곳곳에 정착했다. 바이킹시대의 무역로는 발트해는 기본이고 북해를 관통하여 영국 그리고 북대서양의 식민지였던 페로 제도와 아이슬란드, 그린란드까지 뻗어나갔다. 오늘날의 프랑스, 에스파냐를 돌아서 지브롤터 해협을 거쳐 로마와 콘스탄티노플로 가는 뱃길이 이미 확보됐다. 발트해에서 슬라브권의 노브고로드로 가는 길, 강을 따라 흑해로 가는 길이 개척됐다.[27]

선사시대와 중세의 수로, 발트해에서 노브고로드 무역의 중심지까지

이 가운데 발트해와 슬라브 권역 간의 교역은 각별한 의미가 있다. 배는 발트해의 리가만에서 파르누, 타르투를 거쳐 페이프시 호수를 건너 노브고로드에 당도했는데,[28] 이 뱃길은 선사시대부터 존재했으며 주변 지역에서 호박이 산출됐다. 노브고로드는 발트해의 고틀란드 상인이 개척한 무역도시지만, 훗날 독일의 뤼베크 상인이 점거했다. 이곳은 슬라브권으로부터 들어온 모피가 서방으로 전달되고, 반대로 호박 등이 슬라브권으로 넘어가는 중요 거점이었다. 호박은 이 길을 따라 남쪽의 흑해 연안까지 퍼져 나갔으며, 실크로드를 통해 들어온 교역품은 노브고로드를 경유해 발트해로 전해졌다.

호박방과 호박 박물관

차르 시대의 예카테리나 궁전에는 말 그대로 엄청난 양의 호박 조각으로 치장된 호박방이 있었다. 열처리 같은 다양한 기법으로 색과 모양을 변형시킨 호박

과 자연 호박, 각종 금과 보석을 써서 매우 화려한 방을 만들었다. 이 방의 장식은 독일의 프리드리히 1세가 독일을 방문한 러시아의 표트르 대제에게 외교 협정의 대가로 선물한 것이다. 러시아로 옮겨진 호박 장식에 예카테리나 2세 때 더 많은 양의 호박이 추가되어 방 전체를 장식하게 됐다. 원래의 호박방은 1941년 나치 독일에 의해 해체되고 말았고, 현재 예카테리나 여름궁전의 호박방은 재현해놓은 것이다. 호박방은 귀족 계급이 선호했던 호박의 중요성을 상징한다.

오늘날에도 에스토니아 탈린, 라트비아 리가, 리투아니아 빌뉴스, 폴란드 그단스크 등지의 길거리에서 호박 상점이나 호박 박물관을 쉽게 볼 수 있다. 호박은 이 지역 사람에게는 국제적인 보석이자 가장 토속적인 장신구 재료로 받아들여진다. 발트해 지역의 부유한 도시 중 하나인 코펜하겐에는 세계적으로 유명한 최고급 호박 전문점이 있다.

호박이 분포한 곳에는 어김없이 호박 박물관이 있다. 가장 역사적인 호박 박물관은 역시 리투아니아 팔랑가에 있는 박물관이다. 팔랑가는 18킬로미터에 달하는 모래언덕으로 이루어진 발트 해안의 휴양도시다. 5000년 역사를 자랑하는 팔랑가는 고대 호박길의 출발점이었고, 그에 따라 공방과 무역이 활발했다. 오늘날 이곳에 세계 최대의 호박 박물관이 들어선 것도 호박길과 관련이 있다. 호박 박물관 건축물은 팔랑가 식물원에 자리한 19세기의 티슈키에비츠 궁전이다. 수집품은 2만 8000여 점에 달하는데, 그중 1만 5000여 점은 벌레와 식물 등이 담긴 진귀한 호박이다.

발트 해안이 선사시대 이래 유라시안 호박의 원산지임은 잘 알려진 이야기다. 특히 리투아니아의 신화, 민속, 예술은 호박과 연결된 것이 많다. 리투아니아 사람들은 발트해 깊이 천둥의 신이 거주하는 호박궁전이 있다고 믿었으며, 해변에서 발견되는 호박은 그 궁전의 부스러기가 파도에 밀려나온 것이라고 여겼다. 신화 체계에 호박이 문화의 원형으로 등장한다는 것은 호박이 토착문화 형성에 문화적 원형질로 작동했다는 증거다.

17세기에 들어서면 호박을 전문으로 다루는 길드가 형성된다. 길드는 브뤼주, 그단스크, 칼리닌그라드 등지로 확대됐다. 18세기 말 팔랑가는 러시아 호박산업의 중심지가 됐고, 제1차 세계대전 시기에는 매년 2000킬로그램의 원재료가 팔랑가에서 생산됐다.

1897년 리투아니아의 귀족 티슈키에비츠가 독일인 건축가에게 의뢰해 네오르네상스 양식으로 궁전을 지었다. 바로 티슈키에비츠 궁전이다. 이 궁전은 제1, 2차 세계대전 때 파괴돼 없어졌으나, 1957년 복원되어 1963년에 호박 박물관이 됐다. 리투아니아의 강가에서 발견된 4000만~4500만 년 전의 호박을 소장하고 있으며, 세계에서 세 번째로 큰 '태양의 호박'이라는 이름의 초대형 호박도 전시 중이다. 관광객은 팔랑가의 아름다운 해안과 식물원 그리고 호박 박물관을 필수 코스로 찾는다.

한편 기네스북에 오른 47.5킬로그램에 달하는 초대형 호박을 소장한 박물관은 덴마크 코펜하겐에 있다. 이 호박은 세계에서 가장 크며, 1500만~2500만 년 전에 형성된 것으로 2014년 서부 수마트라에서 발견됐다. 1606년에 지어진, 코펜하겐에서 오래된 건물 중 하나에 자리한 이 호박 박물관은 상점을 겸한다. 아담한 3층 건물 자체가 보석처럼 아름답다. 선사시대부터 현대에 이르기까지 다양한 호박을 전시 중이다. 이들 호박 박물관과 상점의 존재는 발트해가 여전히 세계의 호박 중심지임을 암시한다. 중국인 부호의 내방과 더불어 호박은 다시금 주목받고 있으며, 동서무역의 오랜 역사가 새로운 형식으로 재현되는 중이다.

SPECIAL THEME

10
01

러시아혁명, 그 서곡과 절정과 대단원
상트페테르부르크, 혁명의 현장을 가다

발트해와
러시아혁명
100주년

러시아혁명,
그 서곡과
절정과
대단원

표트르 대제, 바다로 나아가 근대를 열어젖히다
혁명의 서곡: 1905년의 포툠킨호
혁명의 절정: 1917년의 아브로라호
혁명의 대단원: 1921년의 크론시타트

표트르 대제, 바다로 나아가 근대를 열어젖히다

세계사에서 격동의 발원지가 근대 이전에는 유라시아 내륙이었다면, 근대 이후에는 해양이었다. 근현대에 바다가 지니는 위상은 15세기 정화(鄭和)의 원정으로 과시했던 해양 패권을 스스로 버리고 내륙에 안주한 중국이 근대에 접어들어 대양으로 나서기를 망설이지 않은 유럽에 주도권을 빼앗겼다는 사실에서 잘 드러난다. 마찬가지로 해양이라는 요인을 눈여겨보지 않으면 러시아 근현대사의 흐름을 파악할 수 없다. 러시아를 내륙국으로 여기는 한국에서는 바다가 러시아의 진로에 적잖은 영향을 미쳤다는 사실이 낯설게 느껴질 것이다. 그러나 러시아와 바다는 흔히 생각하는 것보다 더 밀접하다.

뭍에서 벗어나 바다로 나아가 러시아의 근대를 열어젖힌 이는 표트르 대제다. 그가 제국의 수도를 내륙 한복판인 모스크바에서 네바강이 발트해로 흘러들어가는 어귀에 새로 세워진 상트페테르부르크로 옮긴 시기는 1703년이었다. 발트해의 주도권을 놓고 격돌한 스웨덴을 물리치고자 발트함대를 건설하기 시작한 해이기도 하다. 해양 강국 네덜란드에서 몸소 대패질과 못질을 하며 배 만드는 기술을 배우기도 했던 표트르는 온 힘을 다해 함대를 키웠다. 육군과 더불어 해군으로 러시아는 스웨덴을 물리치고 강국으로 발돋움했다. 그 뒤 발트함대의 아우 격인 태평양함대와 흑해함대가 창설되면서 러시아는 더욱 강한 나라로 자랐고 바다와 뗄 수 없는 관계를 맺었다. 높은 뾰족탑으로 상트페테르부르크의 하늘을 찌를 듯 서 있는 해군 본부 건물은 해양 강국 러시아의 상징이었다.

블라디미르 페트로프 감독(소비에트연방의 최고 영예인 스탈린상을 다섯 차례나 받은)이 톨스토이의 소설을 바탕으로 하고, 인민배우 니콜라이 시모노프를 주연으로 내세워 1937~1938년에 내놓은 〈표트르 1세〉라는 영화가 있다. 이 영화에는 몽골계 유목민인 칼미크 출신의 압두라흐만이라는 천한 심부름꾼이 함선에 관한 해박한 지식을 가지고 있다는 사실을 알고 표트르가 그를 발트함대 지휘관으로 등용하는 장면이 나온다. 압두라흐만은 가상의 인물이지만, 완전한 허구도 아니다. 오스만튀르크의 술탄에게 선물로 바쳐진 아프리카 흑인 소년이었지만 표트르 대제의 눈에 띄어 러시아의 군인이자 고관으로 올라선 간니발(Abram Gannibal)[29]의 인생 역전을 생각하면 더더욱 그러하다. 이렇듯 18세기의 러시아는 실력 위주로 인재를 쓰고 국력, 특히 해군력을 키워 해양으로 힘을 뻗치는 역동적인 나라였다.

혁명의 서곡: 1905년의 포툠킨호

19세기, 러시아의 지배 계급은 역동성을 잃었다. 서유럽에서 진행되는 정치, 사회, 문화의 근대화에서 멀찍이 떨어져 시대에 뒤처진 전전제정 체제를(이하 전제정체를 전제정 체제로 일괄 수정) 고수하고, 자신들의 특권을 유지하는 데 골몰했다. 변혁을 바라는 지식인과 선각자는 혁명을 외치기 시작했다. 보수와 진보의 충돌은 때로 바다의 이미지를 띠었다. 1801년 황제가 된 알렉산드르 1세는 1812년 나폴레옹의 침공을 물리쳐 프랑스혁명의 충격파를 막아냈다. 그의 스위스인 스승 라 아르프는 "우리는 혁명의 배에 탄 승객입니다. 해안에 가 닿든지, 가라앉든지 하겠지요"라고 말했다. 사상가 게르첸(러시아 농민사회주의 이론의 창시자)은 유럽을 뒤흔든 1848년 혁명을 결산하는 글 〈저 해안〉에서 아들에게 '이 해안'에 머물지 말고 바다를 건너라고 부추겼다. 기존 관념에 도전한 반골 음악가 무소륵스키는 1872년 지인에게 보내는 편지에 이렇게 썼다.

"새 해안으로!"
겁내지 말고 폭풍우와 여울과 암초를 지나 (……)
"새 해안으로"라고 말해야 합니다. 되돌아가기란 없습니다.

인민주의자는 황제를 배를 잘 못 모는 '술 취한 키잡이'에 빗대며 "배를 점점 더 빨리 몰자. 그래서 주인 놈들을 물속에 내던지자"라며 목청껏 노래했다.
러시아제국의 질서를 떠받치는 전제정 체제는 강고해

보였지만 혁명 세력의 끊임없는 공격에 균열이 일어났다.
체제 위기는 전쟁 패배와 맞물려 찾아왔다. 극동에서 일본과 전쟁을 시작한 러시아는 1904년 내내 수세에 몰렸다. 러시아군이 뤼순항에 구축한 강력한 요새를 어렵사리 빼앗은 일본군은 12월 초 고지에서 바다 쪽으로 포격을 가해 러시아 제1태평양함대를 쳐부쉈다.

패전은 체제 위기로 이어졌다. 패배의 여파 속에서 이듬해 1월 '피의 일요일' 사건이 상트페테르부르크에서 일어난 것이다. 권리를 누리지 못하고 수탈에 시달리던 노동자는 백성의 어버이 황제 니콜라이 2세에게 올리는 탄원서를 들고 황제의 거처인 겨울궁전으로 향했다. 시위라기보다 종교 행렬이었다. 가장 말쑥한 옷을 골라 입고 아들딸의 손을 잡고 겨울궁전에 이른 노동자를 맞이한 것은 황제의 자비가 아니라 황궁 경비대의 무차별 사격이었다. 목숨을 잃은 사람만 수백 명이었다.

결국 혁명이 일어났다. 분노가 들불처럼 번져 총파업이 벌어졌고 공장에서는 소비에트가 조직돼 저항을 이끌었다. 1905년 내내 전제정 체제는 특권 폐지와 민주주의를 요구하는 혁명 진영의 공세에 시달렸다. 흔들리는 체제를 똑바로 세우려면 전쟁에서 이겨야 한다. 그러나 일본을 응징하고자 발트해를 떠나 아프리카의 희망봉을 돌고 인도양을 지나 동해에 다다른 러시아 발트함대는 5월 말 대한해협에서 일본 해군 연합 함대에게 해전사상 보기 드문 수준의 참패를 당했다.

영화 전함 포툠킨 포스터. 출처 Revolutionary Soviet Film Posters
(Baltimore The Johns Hopkins University Press, 1974), p.22.

군함 27척의 위용을 자랑하던 발트함대는 대부분 바닷속에 가라앉았고 러시아로 돌아온 함선은 세 척에 지나지 않았다. 체제의 마지막 보루인 군대마저 크게 흔들렸다. 발트함대가 가라앉고 함대원 5000명이 목숨을 잃은 지 한 달 후 흑해함대의 포툠킨(Potemkin)에서 항명 사태가 일어났다. 패전 소식에 사기가 땅에 떨어진 상황에서 승조원은 구더기가 기어 다니는 썩은 말고기로 끓인 보르시[30]를 배급받았다. 분노에 못 이겨 장교에게 항의하는 승조원을 부함장이 처형하려 들자 그동안 쌓인 불만이 한꺼번에 터진 병사들은 함선 장교 열여덟 명 가운데 일곱 명을 죽이고 병사위원회를 만들었다. 그들은

붉은 깃발을 올린 포툠킨을 우크라이나의 항구도시 오데사로
몰았다. 항구에 내린 승조원은 장교에게 목숨을 잃은 전우의
장례를 시민과 함께 치르고 시위를 벌였다. 이 시위를 정부군이
공격하자, 포툠킨은 함포 사격으로 대응했다.[31] 그러나 봉기는
다른 함선으로 번지지 않았고, 정부군의 추격에 쫓긴 포툠킨은
7월에 러시아를 등지고 루마니아로 도주했다.
1905년 혁명의 소용돌이 속에서 군대가 들썩이기는 했어도
포툠킨이 보여주듯이 병사의 동요는 군대 전체로 번지지
않았다. 결정적 순간에 군대는 체제의 보루 노릇을 했다.
민주화 요구에 밀려 뒷걸음치던 전제정 체제는 황제의 제한적
양보에 만족한 자본가 계급을 혁명 대열에서 떼어내는 데
성공한 뒤 반격에 나섰다. 12월이 되자 모스크바의 노동자가
무장봉기로 맞섰다. 체제 쪽에 서느냐, 혁명 쪽에 서느냐의
갈림길에서 병사들은 혁명으로 가는 길에 들어설 용기를 내지
못했다. 고립된 노동자 봉기는 실패했고, 1906년은 전제정
체제 세력이 혁명 세력을 무자비하게 짓누르는 한 해가 되었다.
반동의 삭풍이 휘몰아치는 가운데 혁명은 겨울잠에 들어갔다.
아예 죽어버린 듯했다.
1913년 러시아제국을 다스리는 로마노프 황실은 개창
300주년을 맞이했다. 제국은 굳건해 보였다. 그러나 전제정
체제는 몸통은 구리인데 다리는 물렁거리는 흙인 '진흙
발의 거상(巨像)'이었다. 특권과 불평등을 미워하는 민중의
반감은 억눌렸을 뿐이지 사라지지는 않았다. 황실 개창

300주년의 환호성이 채 사라지기도 전에 파업의 물결이 솟구쳤다. 1914년 여름에 상트페테르부르크를 국빈 방문한 푸앵카레 프랑스 대통령은 거리를 뒤덮은 바리케이드 앞에서 노동자와 경찰이 충돌하는 모습에 깜짝 놀랐다. 그러나 혁명의 분위기는 8월에 제1차 세계대전에 뛰어든 러시아에 거세게 휘몰아친 애국주의 열풍에 밀려 잦아들었다. 1919년에는 상트페테르부르크가 적국인 독일의 말처럼 들린다 하여 러시아식인 페트로그라드(1924년부터는 레닌그라드로, 1991년부터는 다시 상트페테르부르크로 바뀜)로 바꾸기도 했다. 체제에 돌을 던지던 노동자와 농민은 징집되어 전선으로 가야 했다. 전쟁으로 체제는 다시 위기를 넘길 수 있었다.

혁명의 절정: 1917년의 아브로라호

전제정 체제에 제1차 세계대전은 단기적으로는 기회였지만 장기적으로는 재앙이었다. 근대화에 뒤처져 독일의 상대가 되지 않았던 러시아제국이 거듭 패하는 와중에 러시아 군대의 인명 피해는 천문학적 수준에 이르렀다. 해가 갈수록 병사와 시민의 불만은 차곡차곡 쌓여갔다. 이제 군대는 기성 질서를 지키는 보루가 아니라 혁명의 싹이 자라는 온상이 되었다. 1916년 여름 전쟁에 질린 프랑스 병사들 사이에 항명의 기운이 감돌았다. 프랑스는 페탱 장군의 노력 덕에 병사의 봉기를 가까스로 막아냈지만, 러시아는 그러지 못했다. 1917년 3월 초 빵 배급 중단 사태에 화가 난 상트페테르부르크 여성 노동자의 항의가 시민 전체의 시위로 번졌는데, 시위 진압에 내몰린 병사들이 무차별 발포하라고 다그치는 장교를 쏘아 죽이고 시위대에 합세했다. 공장 노동자는 1905년의 기억을 되살려 소비에트를 다시 조직했고, 전선의 병사는 병사위원회를 만들어 장교의 권위에 도전했다. 1905년에는 꿋꿋했던 니콜라이 2세가 1917년에는 버티지 못하고 황제 자리에서 물러났다.

1905년과 1917년의 차이는 군대에 있었다. 1905년에는 체제에 충성했던 병사가 1917년에는 체제에 등을 돌렸다. 19세기 말, 군대와 시민의 관계는 크게 바뀌었다. 19세기 중엽까지는 룸펜이나 외국인 용병으로 구성된 군대와 체제를 뒤엎으려는 시민 사이에 공감대가 형성될 수 없었다. 1830년과 1848년에 프랑스 파리의 시민은 정부군을 무력으로 제압해서 혁명을 일으켰다. 이때만 해도 정부군과 봉기 시민의 무장에는 큰 격차가 없었다.

그러나 19세기 후반에는 1871년 파리코뮌이 보여주듯 봉기 세력이 아무리 용감하더라도 눈부시게 발달한 과학기술을 응용해 만든 첨단 무기로 무장한 정부군을 이길 수 없게 되었다. 시민이 군대를 무력으로 제압하던 시대는 지나갔지만, 이때의 군대는 용병대가 아니라 국민개병제 원칙에 따라 징집된 국민군이었다. 포툠킨이 어렴풋이 보여주듯, 계기만

네바강에 영구 정박한 오늘날의 아브로라호

마련되면 국민군이 시민 편에 설 가능성이 전혀 없지 않았다. 20세기에 군대는 혁명 세력에게 제압이 아닌 회유의 대상이었다. 지난 300년 동안 그토록 굳건히 체제를 지켜온 군대가 1917년에는 오히려 체제를 무너뜨리는 혁명의 진앙이 되었다.

1917년 3월에 니콜라이 2세가 물러난 뒤 생긴 권력의 공백은

알렉세이 황태자와 그의 경호원 안드레이 데레벤코
크론시타트 해군 병사

자유주의 세력으로 구성된 임시정부로 메워졌다. 온건 사회주의 세력이 주도하는 소비에트는 임시정부를 감시하는 역할에 머무르며 권력을 잡을 엄두는 내지 못했다. 시간이 갈수록 급진화한 민중은 사회주의 세력이 아예 권력을 잡기를 바랐다. 머뭇대는 온건 사회주의자를 못마땅해하며 사회주의 정부를 세우겠다고 나선 정치 세력이 바로 레닌이 이끄는 볼셰비키였다. 미약했던 볼셰비키당은 대중의 지지를 끌어 모아 강력한 정당으로 자라났다.

이 볼셰비키당을 가장 굳건히 떠받치는 세력이 공장 노동자와 병사였다. 그중에서도 발트함대는 가장 열렬히 볼셰비키를 지지했다. 니콜라이 2세의 막내아들이며 혈우병 환자인 알렉세이 황태자를 지근거리에서 10년 동안 지키며 보살펴온 발트함대원 안드레이 데레벤코까지도 1917년 볼셰비키에 가담했다.

검은색 제복 차림에 탄띠를 어깨와 허리에 두른 크론시타트(Kronshtadt)[32] 해군 병사는 혁명적 급진주의자와 동의어였다. 그들은 혁명에 항거하는 장교 50여 명을 서슴지 않고 죽였고, 위계와 권위를 타파한다는 의지를 보여주기 위해 군복에서 견장을 떼어내는 의례를 치렀다. 권력을 잡으라며 7월에 볼셰비키를 몰아붙이던 시위대에는 크론시타트 해군 병사 1만 명이 끼여 있었다. 권력을 잡을 기회가 무르익었다는 레닌의 판단에 따라 11월 7일[33] 무장봉기를 일으킨 볼셰비키 지지 세력은 임시정부 각료가 몸을 숨긴 겨울궁전의 맞은편에 모여 있었다. 이들은 크론시타트에서 소함대를 몰고 네바강을 거슬러오는 함대원을 보고 용기를 얻었다.

봉기 세력은 네바강에 뜬 순양함 아브로라(Avrora)가 오후 9시 45분에 쏜 공포탄을 신호 삼아 겨울궁전으로 돌격해 임시정부를 무너뜨렸다. 이튿날 전국소비에트대회에 나타난 레닌은 사회주의 정부 수립을 선언했다.

혁명의 대단원: 1921년의 크론시타트

표트르 대제가 창설한 이래 러시아제국이 열강으로 발돋움하는 과정에서 큰 역할을 하며 제국과 영욕을 함께해온 발트함대가 1917년에는 낡은 체제를 허물고 새 세상을 여는 혁명의 엔진이 되었다. 세상이 바뀌었다는 사실은 신사숙녀만 모이던 상트페테르부르크 최고의 번화가 넵스키 대로를 곰보 해군 병사가 하녀로 일하는 애인을 데리고 거리낌 없이 활보하는 모습에서 드러났다. 세계 최초의 사회주의 체제에서는 모든 특권과 불평등이 사라지리라는 기대가 솟구쳤다.

그러나 걸음마를 뗀 혁명은 곧 크나큰 시련을 맞이했다. 1918년 여름부터 혁명 정부는 영국, 프랑스, 미국, 일본의 지원을 받는 반(反)혁명 세력과 싸워야 했던 것이다. 3년간의 피비린내 나는 내전에서 혁명을 지키려 전선으로

달려가는 붉은 군대의 선봉에는 늘 해군 병사가 있었다.
발트함대는 핀란드만에서 영국 함대와 교전하며 혁명의 요람 상트페테르부르크를 지켜냈다.
더 어려운 싸움이 반혁명과 격돌하는 전선이 아니라 혁명 내부에서 벌어졌다. 볼셰비키는 모든 특권과 불평등을 없애겠다는 약속을 지켜야 했지만, 상황은 상상을 초월할 만큼 어려웠다. 전쟁, 혁명, 내전으로 말미암은 혼란과 자본주의 열강의 경제 봉쇄가 맞물리며 경제가 무너진 탓에 식량이 공급되지 않아 도시민은 내전이 벌어지는 동안 내내 굶주렸다. 권력을 비판하는 위치에서 권력을 행사하는 위치로 올라선 볼셰비키는 민주주의보다는 효율을 더 앞세웠고 혁명의 생존이라는 명분을 내걸고 위계질서에 입각한 권위주의를 되살렸다. 그리하여 새로운 형태의 특권과 불평등이 나타났다. 노동자와 병사는 1917년의 이상이 배신당했다고 여겼다. 내전기의 혁명 러시아를 지켜본 러시아 출신의 미국인 무정부주의자 엠마 골드만은 이상과 현실의 충돌을 보여주는 일화를 이렇게 증언한다.

나는 스몰니 안에 별개의 식당이 둘 있다는 것을 처음 알고 나서 느낀 놀라움을 기억한다. 한 식당에서는 페트로그라드 소비에트와 제3인터내셔널 요인에게 푸짐한 건강식을 제공했고, 다른 한 식당은 평당원용이었다. 한때 식당 셋이 있었던 적도 있다. 크론시타트 해군 병사가 이것을 알아버렸다. 그들은 우르르

소비에트 러시아 시절에 그려진 러시아 혁명기 해군 병사

몰려와 그 세 식당 가운데 둘을 닫아버렸다. 그들은 "우리는 모든 사람이 똑같이 나누도록 혁명을 일으켰다"라고 말했다.[34]

1917년의 이상을 기억하는 대중과 냉혹한 권력의 현실을 절감하는 볼셰비키 사이에 쌓여가던 긴장과 갈등이 1921년 3월에 결국 폭발했다. 혁명의 '배신'에 절망한 크론시타트 해군 병사는 볼셰비키를 내쫓고 민주주의 재확립을 요구했다. 1917년 혁명의 선봉이었던 크론시타트가 새로운 혁명에 나선 것이다. 충격에 빠진 볼셰비키는 무력 진압을 택했다. 내전을 치르면서 모든 것을 혁명과 반혁명의 대립으로만 보는 경직된 틀에 갇혀버린 볼셰비키의 심성에는 크론시타트를 설득하려는 아량이 들어설 자리가 없었다.

붉은 군대가 크론시타트를 공격하기 시작했다는 소식이 전해진 제10차 전러시아공산당대회장에는 깊은 침묵이 내려앉았다. 붉은 군대는 거센 저항을 이겨내고 크론시타트를 장악했고, 무자비한 처형이 뒤따랐다. 며칠 뒤 핀란드의 바닷가에는 발트해의 물결에 밀려온 크론시타트 해군 병사의 주검이 떠올랐다. 특권을 누리는 자가 뒤바뀌는 혁명은 살아남았지만, 특권을 낳는 사회구조 자체를 없애려는 혁명은 1921년 3월에 크론시타트에서 숨진 셈이다.

네바강

상트페테르부르크, 혁명의 현장을 가다

'유럽을 향한 창문'이자 '뼈 위에 세운 도시'
잊혀지는 레닌
혁명의 상징, 아브로라 군함박물관
혁명에 얽힌 러시아인의 기억은 정리되지 않았다
폴란드에 남은 혁명의 흔적

상트페테르부르크는 섬의 도시다. 시내를 가로지르는 네바강을 중심으로 수십 개의 크고 작은 섬이 무리를 지어 이 도시를 이룬다. 섬과 섬을 잇는 다리만 500여 개, 그 다리 아래로 지나는 유람선과 강변에 줄지어 선 유럽풍 건물을 보고 있자면 '북방의 베네치아'라는 이 도시의 별명에 고개가 절로 끄덕여진다.

'유럽을 향한 창문'이자 '뼈 위에 세운 도시'

1700년 제정러시아에서 가장 위대한 차르로 꼽히는 표트르 대제는 스웨덴으로부터 네바강 유역을 빼앗고 이곳에 도시를 건설하기 시작했다. 발트해에 면한 네바강 하구 일대는 중앙아시아의 문명국 러시아가 해양으로 진출해 유럽과 경쟁하기 위해서 꼭 필요한 지역이었다.

표트르 대제가 이 도시에 쏟은 애정은 남달랐다. 온통 진흙투성이에 아무것도 없던 이곳에 허름한 오두막을 세우고 숙식을 해결하며 도시 건설을 일선에서 진두지휘했다. 이 오두막은 오늘날에도 상트페테르부르크에 남아 있다. 1712년경 도시가 완성되자 표트르 대제는 곧장 모스크바를 떠나 이곳으로 천도했다. 표트르 대제에게 상트페테르부르크는 해양 강대국이자 유럽권 국가로서 러시아의 미래를 표상하는 상징이나 마찬가지였다. 표트르

여름궁전
겨울궁전

대제는 이 도시를 '유럽을 향한 창문'이라 불렀다.
유럽을 향해 건설된 이 도시에서 '유럽식 제국주의'를 규탄하는
반유럽적 공산주의 혁명이 일어났다는 것은 역사의 수많은
아이러니 중 하나다. 표트르 대제는 허허벌판에 대도시를
세우기 위해 수많은 노동자에게 희생을 강요했다. 너무 많은
노동자가 상트페테르부르크를 세우던 도중 사망했고, 이들의
시체를 진흙 구덩이에 던져버렸다는 이유에서 '뼈 위에 세운
도시'라는 별명이 붙기도 했다. 화려함의 극치를 자랑하는
여름궁전, 세계 3대 박물관으로 꼽힐 만큼 많은 소장품을
간직한 겨울궁전(에르미타주 박물관) 등은 로마노프 왕조 권력의
상징이자 착취의 결과물이었다. 노동자가 흘린 피와 땀의
상징인 이 도시에서 노동자 혁명이 일어난 것은 어쩌면 당연한
귀결이었는지도 모르겠다.

잊혀지는 레닌

"세계 공산주의 혁명이여, 영원하라!" 100년 전인 1917년 4월
독일에 망명 중이던 블라디미르 레닌은 열차를 타고
두 달 전 막 혁명을 성공시킨 상트페테르부르크 핀란츠키
역에 내려 이같이 연설했다. "세계는 공산주의 혁명의 여명을
향해 달려가고 있습니다. 유럽 제국주의의 끝이 다가왔습니다.
여러분이 이뤄낸 러시아혁명은 이미 새로운 시대를

피의사원 운하

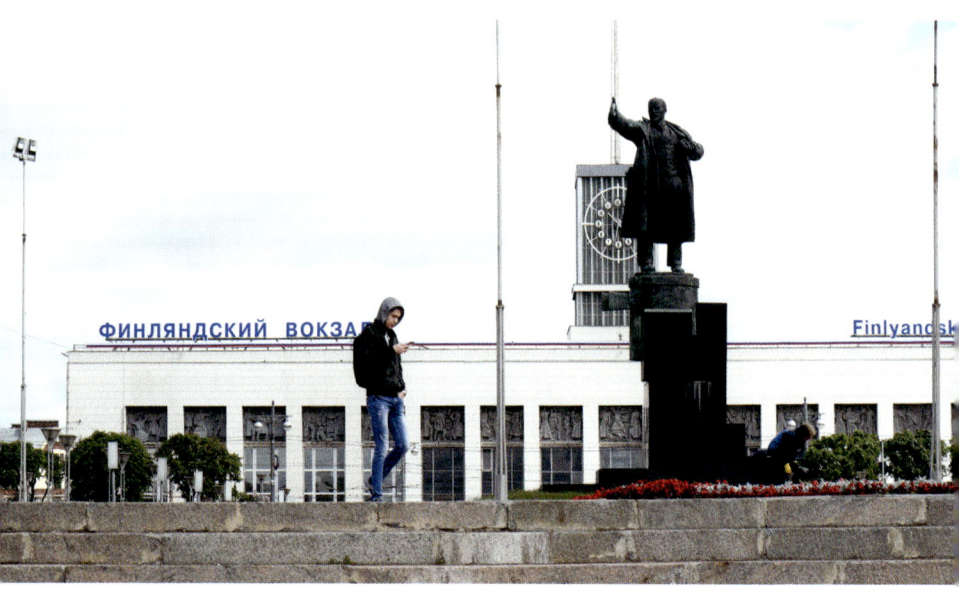

핀랸츠키 역

열었습니다." 레닌을 맞이하기 위해 역 앞 광장에 모여든 군중은 그의 이름을 연호하며 붉은 공산기를 흔들었다. 이후 이 광장은 레닌의 이름을 따서 레닌 광장으로 명명됐다. '핀란드 역'으로도 알려진 핀랸츠키 역은 출발지가 아닌 도착지 지명을 따서 역명을 짓는 러시아의 관습에서 나온 이름이다. 지금도 이 역에서는 100년 전처럼 상트페테르부르크와 핀란드 헬싱키를 오가는 열차가 분주히 승객을 실어 나르고 있다. 그러나 최근 핀랸츠키 역과 레닌 광장에선 100년 전 혁명의 흔적을 찾아볼 수 없다. 화창한 날이면 상트페테르부르크

시내 곳곳은 단체 관광객으로 붐비지만, 이 광장은 한산하기 이를 데 없다. 광장 한복판에 세워진 레닌의 녹슨 동상만이 외롭게 자리를 지키고 있다. 간혹 지나가는 관광객 한두 명이 잠시 멈춰 사진을 찍는 것이 전부다. 주변엔 그 흔한 기념비도, 안내판도 하나 없다. 광장 앞 네바강을 향해 팔을 힘차게 뻗은 레닌의 손짓이 공허하게 느껴진다. 100년 전 20세기 최대의 사건인 러시아혁명이 일어났던 상트페테르부르크에서 혁명은 녹슨 동상만을 남긴 채 사람들의 기억 속에서 잊혀가고 있었다. 혁명을 완수하기 위해 급거 귀국한 레닌은 러시아에 혁명의 바람을 일으키는 기폭제가 됐다. 황제 니콜라이 2세를 폐위시킨 1917년 2월 혁명 이후 알렉산드르 케렌스키의 임시정부가 정권을 잡았다. 그러나 온건 사회주의 노선인 케렌스키 임시정부의 집권은 레닌이 보기에 미완의 혁명이었다.

레닌은 상트페테르부르크에 도착한 다음 날 급진 사회주의자인 볼셰비키 당원과 회의를 갖고 자신의 혁명 구상을 담은 '4월 테제'를 발표했다. '임시정부에 협력하지 마라. 경찰, 관료기구, 군대를 폐지하고 모든 토지를 국유화해 소비에트의 통제하에 둬야 한다'는 등의 내용이 담긴 이 테제는 머지않아 "모든 권력을 소비에트로!"라는 표어로서 볼셰비키의 기본 방침이 됐다.

혁명의 상징, 아브로라 군함박물관

4월 테제 발표와 함께 상황은 급박하게 돌아갔다. 볼셰비키 내에서 레닌에 동조하는 사람이 늘어나고 곳곳에서 소요가 벌어지자 레닌을 정권 위협 세력으로 간주한 케렌스키는 7월에 레닌 수배령을 내렸다. 이에 레닌은 핀란드로 재차 망명한다. 그리고 석 달 뒤 케렌스키의 인기가 떨어질 대로 떨어지자 비밀리에 상트페테르부르크로 들어온 레닌은 소비에트 중앙위원을 설득해 무장봉기를 계획하고, 11월 7일(러시아력 10월 25일) 임시정부를 급습해 타도하는 데 성공했다. 이것이 그 유명한 10월 혁명이다.

10월 혁명의 신호탄을 쏘아올린 것은 순양함 아브로라였다. 현재 아브로라는 네바강변에 정박돼 박물관으로 활용되고 있다. 찾는 이가 거의 없는 핀랸츠키 역 앞 레닌 광장과 달리 아브로라 군함박물관은 관광객으로 북적인다. 길게 줄을 선 사람들 앞으로 러시아 전통 옷을 입은 악사가 아코디언을 연주하며 관광객을 맞이한다.

아브로라는 1903년 상트페테르부르크에서 건조돼 러일전쟁과 제1차 세계대전에 참전했던 함선이다. 2월 혁명 이후 케렌스키 임시정부에 불만을 품은 선원이 선장과 장교를 살해하고 아브로라를 장악했다. 이들은 볼셰비키에 가담하고 공산주의 혁명에 힘을 보태기로 약속했다.

러시아력 1917년 10월 25일 밤 9시 45분, 임시정부가 자리

잡은 겨울궁전 맞은편에 정박해 있던 아브로라는 함포
한 발을 발사했다. 습격 개시를 알리는 신호였다. 당시 러시아
육군이 겨울궁전을 방어하고 있었지만 떨어질 대로 떨어진
케렌스키의 인기에 이들은 별다른 저항도 하지 않고 혁명군을
들여보냈다. 숨을 죽이며 기다리던 1000여 명의 볼셰비키
혁명군은 순식간에 궁전을 장악하고 임시정부를 축출했다.
오늘날 아브로라는 10월 혁명의 상징으로 여겨진다.
아브로라에 탑승했던 장교와 선원의 양차 세계대전에서의
활약상과 당시 함내에서 사용한 물건 등이 주된 전시품이다.
아브로라의 관광 안내 자료에도 혁명에 대해서는 "1917년
아브로라의 선원이 2월과 10월 혁명 활동에 참가했다"라는
짤막한 한마디 외에는 별다른 언급이 없다.
아브로라가 세계인에게 널리 알려진 것은 이 순양함이
세계대전에 참전해서가 아니라, 혁명 직전 함포를
발사함으로써 역사의 한 순간을 장식했다는 사실 때문일
것이다. 그러나 아브로라 군함박물관에선 마치 의식적으로
피하기라도 하듯 혁명 관련 자료를 축소해 전시한다.

혁명에 얽힌 러시아인의 기억은 정리되지 않았다

혁명 100주년을 맞은 상트페테르부르크에서 이처럼 혁명의
흔적을 찾아보기 어려운 이유는 아직 러시아에선 혁명이

잊혀진 레닌의 시대

청산되지 않은 과거이기 때문이다. 혁명은 100주년을 맞았지만 소련이 무너지고 혁명이 '실패'로 끝난 것은 고작 26년 전인 1991년이다. 아직 혁명에 얽힌 러시아인의 기억은 정리되지 않은 것이다.

혁명을 두고 러시아인의 생각은 극과 극으로 나뉜다. 상트페테르부르크시민은 '혁명은 일어나선 안 됐던 일'이라는 사람부터 '꼭 필요했지만 너무 희생이 컸다'는 사람, '젊은이는 혁명에 대해 학교에서 더 많이 배워야 한다'는 사람까지 다양한 의견을 보인다. '나는 혁명에 부정적이지만 우리 할머니는 구소련 시절을 그리워한다'는 젊은이가 있는가 하면, '스탈린 체제하에서 억압받은 기억에 아직도 고통받는 사람이 있다. 혁명을 좋게 생각할 수 없다'고 분개하는 여성도 있다.

이처럼 국민의 감정이 양분된 가운데 실용주의자인 블라디미르 푸틴 러시아 대통령은 혁명에 대해 공공연히 얘기하길 꺼린다. 혁명을 긍정적으로 평가하든 부정적으로 평가하든 일부 국민의 반발을 살 수밖에 없기 때문이다. 혁명 100주년을 맞이한 올해도 상트페테르부르크에서는 혁명과 관련된 공식 행사가 전혀 실시되지 않았다. 일부 학자만이 혁명의 역사적, 사상적 의미를 분석할 뿐 일반 대중의 화제에도 혁명은 전혀 오르지 않는다. 그저 기억 속 한쪽에 깊숙이 자리할 뿐이다.

폴란드에 남은 혁명의 흔적

레닌이 일으킨 혁명의 불꽃은 인근 발트해 국가로도 번졌다. 20세기 후반까지 소련의 영향을 깊이 받았던 이들 국가에서도 혁명의 흔적은 오늘날까지 논쟁의 대상이다. 대표적인 것이 폴란드 바르샤바 도심 한가운데 솟은 마천루, 문화과학궁전이다. 높이 42층, 면적 2만 3000제곱미터로 바르샤바 어디에서나 쉽게 눈에 띄는 이 건물은 영화관, 공연장, 쇼핑몰 등 각종 문화예술관과 편의시설이 자리해 바르샤바시민의 생활에 없어선 안 될 존재로 자리매김하고 있다.
문제는 이 건물을 1955년에 스탈린이 지었다는 것이다. 당시 공산주의 국가인 폴란드를 사실상 지배하던 스탈린은 러시아 노동자 5000명을 바르샤바에 파견해 소련이 폴란드 인민에게 주는 선물의 형태로 이 건물을 짓게 했다. 본래 이 건물의 이름은 '이오시프 스탈린 문화과학궁전'이었지만 폴란드 민주화 후 스탈린의 이름은 빠지고 문화과학궁전으로 남았다. 이 건물을 바라보는 바르샤바시민의 감정은 복잡하다. 삶을 풍요롭게 해주는 귀중한 시설인 반면, 다른 한편으론 치욕스러운 러시아 강점의 산물이기 때문이다. 그 때문에 폴란드에선 이 건물을 철거하자는 주장부터 도색을 새로 하자, 그냥 내버려두자는 등 다양한 의견이 오간다. 그러나 적잖은 바르샤바시민은 이 건물을 전적으로 마음에 들어 하지는 않으면서도 더 이상 없어선 안 될 삶의 일부로 받아들인다.
폴란드의 민주화 성지로 알려진 그단스크 조선소도 폴란드가 공산국가이던 1967년부터 1989년까지 블라디미르 레닌 조선소라는 이름을 갖고 있었다. 폴란드 공산 정부가 레닌의 업적을 기리기 위해 자국 최대의 조선소를 그에게 헌정한 것이다. 그단스크 조선소는 1980년 당시 노동자인 레흐 바웬사 전 폴란드 대통령이 공산주의 정권과 독립된 노조인 '자유연대노조'를 설립하고 10년간 투쟁과 협상을 반복한 민주화운동의 거점이 됐다.
폴란드 공산정부는 자유노조의 투쟁을 막기 위해 계엄령을 선포하고 바웬사를 구금하는 등 갖은 수단을 동원했지만 바웬사는 굴하지 않았다. 바웬사는 1983년 노벨평화상을

그단스크 조선소

수상했고, 1987년엔 프랑스 파리에서 자서전 《희망의 길》을 출간하는 등 전 세계에 자신의 이름을 알리며 폴란드 정부를 압박했다. 마침내 1989년 정부와 협상하여 자유로운 선거를 포함한 민주주의로 정치체제를 전환시켰고, 이듬해 압도적인 표차로 대통령에 당선됐다.

폴란드 정부는 2014년 자유노조의 민주화운동을 기리기 위해 그단스크 조선소 정문 앞에 연대박물관을 설립했다. 이 건물에서는 바웬사와 자유노조원이 벌인 10여 년간 투쟁의 역사가 생생한 문서와 영상으로 전시된다. 건물 외벽에는 "유럽은 여기서 시작된다(Europe starts here)"라는 문구가 붙어 있다. 1980년대 유럽 깊숙이 뻗은 공산주의의 마수를 스스로 뿌리치고 비폭력 자유민주주의를 이룩한 폴란드인의 자부심이

그단스크 자유노조기념 박물관

엿보이는 대목이다.

폴란드가 공산주의에서 벗어나는 데 핵심 역할을 한 곳이 다름 아닌 레닌 조선소였다는 것은 역사의 수많은 아이러니 중 하나다. 그단스크 조선소와 레닌의 이름은 지금도 논쟁의 대상이다. 그단스크 조선소 정문엔 레닌의 이름이 적힌 간판이 걸려 있다. 레닌 간판은 민주화 이후 폐기됐지만 2012년 파웰 아다모비치 그단스크 시장 등 일부 정치인이 이 간판의 역사석 중요성을 강조하며 복원했기 때문이다. 이후 수많은 사람이 '민주화 성지에 레닌의 이름은 어울리지 않는다'며 시위를 벌였고, 몇몇 강성 단체는 이 간판을 떼어내 파괴하는 등 논란이 계속되고 있다.

도시 재생의
현장을
가다

2

예테보리와 말뫼, 두 도시 이야기

예테보리, 과거의 영광은 기억 속에 묻고
도시 재생 프로젝트, '사람을 모으고 산업을 바꾸자'
변신은 시민의 힘
일자리가 사람을 찾는 도시, 예테보리
말뫼의 자랑, 코쿰스 크레인과 결별하다
말뫼의 부활, 외레순 다리에서 시작되다
두 도시의 생존 전략은 다르면서도 비슷하다

사양 산업은 있어도 사양 도시는 없다. 비전을 잃지 않는 한 도시는 번영과 몰락 그리고 재생을 반복한다. 스웨덴의 제2, 제3의 도시인 예테보리와 말뫼는 한때 조선업으로 최고의 풍요를 일궜다. 그러나 1970년대 후반부터 조선업에 불황이 몰아닥치면서 나란히 내리막길을 걸었다. 40여 년이 지난 2017년 두 도시는 화려하게 부활하고 있다. 예테보리는 웃음을 되찾았고, 말뫼는 눈물을 씻어냈다. 두 도시를 살려낸 것은 탄탄한 해양문화와 미래를 향한 상상력이었다.

예테보리, 과거의 영광은 기억 속에 묻고

예테보리를 가로지르는 예타강 북변에는 오렌지색 초대형 갠트리크레인(문 또는 다리 모양의 항만용 크레인)이 놓여 있다. 배를 건조할 때 사용하는 이 크레인에 '에릭스베리(ERIKSBERG)'라는 글자가 선명하다. 에릭스베리는 이곳에 있었던 초대형 조선소다. 기업명이던 에릭스베리는 예타강 북쪽의 특정 지역을 지칭하는 지명이 됐다. 에릭스베리가 쓰던 창고는 호텔이 됐고, 선박 엔진 공장은 컨벤션센터로 바뀌었다. 독(dock)은 요트 선착장으로 변했다. 선박에 쓰이던 거대 프로펠러와 닻은 도시 조형물로 남았다. 선주가 머물던 건물은 예쁜 카페가 됐고, 야외 카페에 설치된 의자에는 선탠을 하는 남녀로 가득하다. 예테보리시민에게 조선업은 '지우고 싶은 기억'이 아니라 '자랑스러운 유산'이며, '예테보리의 정체성을 나타내는 것'이다. 그들은 이 크레인을 볼 때마다 여기서 조선산업이 꽃피웠음을 잊지 않는다.

예테보리는 스웨덴의 수도 스톡홀름에서 서남쪽으로 470킬로미터 떨어진 인구 55만 명이 사는 항구도시다. 1800년대 중반부터 본격적으로 조선업을 시작했고, 1970년대 초에 절정을 이뤘다. 당시 이곳은 에릭스베리, 예타베르켄 등 네 개의 글로벌 조선소를 거느린 세계에서 두 번째로 큰 조선 지역이었다. 이들 조선소가 직간접으로 고용한 인원만 5만 명에 달했다. 예테보리 전체 취업자의 4분의 1 규모였다. 1973년 1차 석유파동이 터지자 주요 선종인 유조선 수요가 급격히 줄면서 1만 명이 일자리를 잃었다. 최대 경쟁자는 일본이었다. 1978년 2차 석유파동이 왔을 때 스웨덴의 조선사는 거의 그로기 상태가 됐다. 새롭게 떠오른 한국 조선업은 스웨덴 조선산업에 치명타가 됐다.

스웨덴 정부는 조선산업 경쟁력 회복과 일자리 보호를 위해 국유화를 선택했다. 덩치를 키우기 위해 지역 조선소를 합병한

에릭스베리

예타베르겐

뒤 스웨데야드를 세웠다. 이 회사에 정부 재원을 투입해 크루즈, 쇄빙선, 페리, 냉동선 같은 고부가가치 선박을 만들어내면 조선업이 살아날 줄 알았다. 결과는 대실패였다. 돈만 퍼붓고 조선산업은 끝내 살리지 못했다. 스웨데야드는 해양 석유 시추 관련 산업을 유치하려 했지만 이 또한 실패로 돌아갔다. 1980년대 말에는 수변 지역에 대규모 주택을 지어 일자리를 창출하려 했지만 그것도 성과가 없었다. 1990년대 중반 스웨데야드는 결국 문을 닫았다. 약 1만 4000명의 근로자가 실직했다. 일부 수리조선소가 살아남았지만 조선업으로서는 의미가 없었다. 2000년 독일

기업인 다멘조선소그룹이 수리조선소를 인수해 운영했지만 노동자는 140명에 불과했다. 1990년 초부터 예테보리는 긴 침체기를 겪게 된다.

도시 재생 프로젝트, '사람을 모으고 산업을 바꾸자'

그로부터 27년이 흘렀다. 떠났던 사람들이 예테보리를 다시 찾고 있다. 변화를 한눈에 알 수 있는 곳은 예타강변의 지도를 바꾸고 있는 '리버 시티'다. 1989년 마스터플랜을 세웠던 예테보리 수변 개발사업은 30여 년째 추진 중이다. 예타강 양쪽 둑을 따라 약 500만 제곱미터를 재개발하는 계획인데, 스칸디나비아반도에서 가장 큰 규모의 도시 재생 프로젝트다.

이 프로젝트의 핵심은 '사람을 모으고 이를 통해 산업을 바꾸자'는 것이다. 활력이 떨어진 도시에는 우선 사람을 모으는 것이 중요했다. 그런 다음 북적북적해진 활기를 예테보리 전체로 확산하자는 아이디어였다. 변화는 강변 남쪽의 구시가지부터 시작됐다. 차량 통행을 줄이기 위해 차선폭을 줄이고, 차량 운행 속도를 떨어뜨리기 위해 노로 표면을 거칠게 했다. 키피숍을 건물 1층에 배치했고, 푸드 마켓을 만들어 언제든지 찾아와 어울릴 수 있게 했다. 오페라하우스도 들어섰다.

이어 버려진 북쪽의 조선 지역으로 눈길을 돌렸다. 우선 이미지 개선이 시급했다. 이 지역은 저소득층과 이민자가 주로 사는 버려진 땅이라는 인식이 강했다. 시는 10여 년에 걸쳐 마이클 잭슨, 마돈나 등 유명 가수의 콘서트를 유치하고, 각종 문화·스포츠 행사를 치렀다. 그러자 슬럼가라는 선입견이 서서히 벗겨졌다. 이는 주거·컨벤션 단지인 에릭스베리의 성공으로 이어졌다.

사람을 머물게 하기 위해서는 일자리가 필요했다. 에릭스베리 옆 린드홀멘에는 산·학·연 협력 단지인 '린드홀멘 과학단지'를 조성했다. 1994년 지역 최대 공과대학인 샬메르스 대학과 에테보리 대학은 린드홀멘 조선소 부지에 정보통신(IT)대학을 세웠다. 2000년대 이후 에릭손, 볼보, 사브, IBM 등 첨단 기업이 잇달아 입주했다. 현재 300여 개의 첨단 기업에서 2만 3000여 명이 일하고 있다. 볼보는 샬메르스 대학 및 에테보리시와 합작 벤처를 세워 전기자동차와 자율주행자동차를 개발하고 있다. 리버 시티는 4차 산업혁명을 위한 스웨덴의 핵심 테스트베드인 셈이다.

에릭스베리와 린드홀멘 과학단지 사이의 '산네고르덴 주택단지'도 허투루 짓지 않았다. 첨단 단열 공법을 적용한 패시브 하우스(에너지가 밖으로 빠져나가는 것을 최대한 방지하는 건축 방식)를 건설해 에너지 소비율을 획기적으로 낮췄다. 여기에 적용된 에너지 절약 기술은 스웨덴의 아파트 에너지 소비 관련 법규까지 바꿨다. 소셜 믹스(분양 아파트와 임대 아파트를 한 단지에 섞어 짓는 방식)는 인종과 출신, 계층이 다른 사람을 모으는 데 일조했다. 산네고르덴에는 고가 주택을 소유한 고소득층과 저가 주택을 임대한 저소득층이 함께 산다.

린드홀멘

하나의 콘셉트보다는 산업과 주거, 호텔 등을 모두 섞은 리버 시티로 개발한 것이 도시의 쾌적성을 높이고 주거 및 근무 환경을 좋아지게 했다. 그 덕에 많은 기업도 유치할 수 있었다. 예테보리는 리버 시티 프로젝트를 지금도 진행하고 있다. 2035년까지 2500억 스웨덴크로나(32조 5000억 원)의 투자를 유치한다는 계획이다. 이를 통해 2만 5000개의 거주지와 5만 개의 일자리를 더 만들겠다는 계획을 갖고 있다.

변신은 시민의 힘

주목할 점은 예테보리의 변신이 단숨에 이뤄진 것이 아니라는 것이다. 지난 30년간 수많은 시행착오를 겪었다. 한때는 무너지는 조선소를 살리려 투자했고, 그것이 여의치 않자 1980년 중반에는 영국의 독랜드를 벤치마킹하려 했다. 하지만 인구 35만 명의 소규모 산업도시인 예테보리가 인구 1000만 명의 다국적 수도인 런던을 따라가기는 어려웠다. 1980년 후반 예테보리는 독자적인 길을 찾기로 했다. 시민과 함께 수많은 난상토론을 벌인 끝에 결국 '지식 집약형 미래 도시'로 결론을 내리게 됐다.

리버 시티가 어느 정도 성공하면서 예테보리는 2006년 '삶의 질이 높은 지속 가능한 도시'라는 새로운 어젠다를 세웠다. 지역난방을 보급하고 공공교통, 공장 등에 새로운 환경 기술을 적용해 탄소 배출량을 절반으로 줄이는 저탄소 혁신을 시작했다. '지옥으로 가기 전 도시'라 불릴 정도로 뿌옇던 예테보리의 하늘이 푸르게 변하기 시작했다. 공기가 맑아지고 수변공원이 잘 정비되는 등 환경이 쾌적해지자 각종 국제행사가 속속 유치됐다.

예테보리의 힘은 시민에게서 나온다. 예테보리시 집행위원회는 2009년 리버 시티 프로젝트를 시작했다. 시 산하의 실행 부서와 시민으로 구성된 프로젝트 그룹은 비전과 전략을 만들기 위해 함께 일했다. 각자 다른 배경, 전문성, 소속을 가진 사람들이 참여했다. 경제학자, 생태학자, 건축가, 도시공학자 등 전문가도 참여했다. 예테보리는 중국, 중동, 아프리카 등 다국적 시민이 많아 이들의 다양한 경험도 공유됐다. 참가자는 둥근 테이블에 앉아 아이디어를 내고 논의 내용을 공개 발표했다. 또 직접 현장을 방문해 아이디어의 적합성을 검토하기도 했다. 프로젝트 그룹은 특히 생태 환경을 추구했다. 지자체와 산업계, 학계의 대표자는 별도로 컨설팅 그룹을 구성해 자문을 제공했다.

2800개가 넘는 아이디어가 모였다. 공청회를 열어 다시 의견을 수렴하고, 워크숍을 열어 또 다듬었다. 그 결과 '세계로 열린 지속 가능한 도시'라는 비전 아래 '물을 품자', '도심을 강화하자', '도시를 연결하자'라는 세 개의 전략을 마련하게 됐다. 스웨덴식 의견 수렴 방식은 유럽에서도 화제가 됐다. 도시 재개발을 추진 중인 프랑스 리옹은 최근 스웨덴식 의견 수렴 방식을 배워 갔다.

둥근 테이블은 지금도 그대로 운영된다. 각종 의사 결정 때마다 둥근 테이블에 모여 앉아 철저한 논의를 거친다. 예타강변의 LNG 저장소를 어떻게 할 것인지를 놓고 논의한 끝에 철거가 결정되기도 했다. 도심의 숙박난을 해결하기 위해서는 유스호스텔로 개조해야 한다는 제안이 나왔지만, 심도 깊게 논의한 결과 경제성이 없다는 결론이 내려졌다. 이 결정을 내리기까지 4년이 걸렸다. 이렇듯 예테보리 수변 재개발의 핵심은 '소통'이다. 스웨덴식 토론 문화에서는 특정인의 아이디어를 묵살하는 '하지만'이라는 단어보다 수정을 의미하는 '그리고'를 주로 쓰며, 서로의 의견을 존중한다.

예테보리 최초의 조선소용 독이 있던 자리

일자리가 사람을 찾는 도시, 예테보리

시민과 함께 도전을 선택한 예테보리의 변화는 눈부시다. 2000년 이후 10만 개의 일자리가 창출됐다. 인구가 15만 명가량 늘어나면서 도심은 두 배나 확장됐다. 2만 5000개의 아파트와 4만 5000개의 기업이 생겼고, 1조 스웨덴크로나(132조 원)의 투자가 유치됐다. 그 결과 2000년 이후 지역실질소득은 54퍼센트, 지역내총생산(GRDP)은 51퍼센트, 생산성은 34퍼센트가 향상됐다.

예테보리의 가장 큰 자랑은 완벽한 산업 재편이다. 한때 노동자의 4분의 1이 조선업에 근무했던 예테보리는 이제 산업 다변화에 성공했다. 2013년 기준 취업자 분포를 보면 헬스 케어(14.9퍼센트), 상업(13.4퍼센트), 비즈니스 지원(13.2퍼센트), 제조업 및 광공업(13.1퍼센트), 교육(10.2퍼센트) 등이다. 이 같은 산업 재편은 2008년 금융위기 때 힘을 발휘했다. 2008년 금융위기 당시 볼보에서만 1만 명이 실직하는 등 일자리가 크게 감소했지만 1년 만에 잃어버린 일자리는 대부분 회복됐다.

예테보리의 경쟁력은 국제적으로도 인정받는다. 유럽연합 집행위원회 등의 자료를 보면, 예테보리는 전 세계 도시 중 기업가 정신 6위, 도시 경쟁력 5위, 성장 잠재력 10위, 혁신 12위를 차지했다.

예테보리는 향후 도시 규모를 두 배로 확장하는 등 2050년까지의 계획을 이미 세웠다. 멀리서도 출퇴근이 가능하도록 교통망을 확충해 소비시장 규모를 키우고, 인근 도시와 협력을 강화해 일자리를 늘리겠다는 것이다. 4년 뒤로 다가온 2021년 도시 탄생 400주년 행사는 중간 점검을 자축하는 행사가 될 예정이다.

조선업 실패 당시 예테보리가 깨달은 것은 산업 다각화였고, 그러기 위해서는 지역경제의 규모를 키워야 한다고 생각했다. 예테보리는 앞으로 더 매력적인 도시로 가꾸어 사람이 일자리를 찾는 것이 아니라, 일자리가 사람을 찾는 도시로 거듭날 계획이다.

말뫼의 자랑, 코쿰스 크레인과 결별하다

예테보리에서 남쪽으로 272킬로미터를 달리면 스웨덴 제3의 도시 말뫼가 나온다. 스웨덴 최서남부에 위치한 말뫼는 예테보리와 함께 조선소가 몰락하면서 위기를 맞았다. 2002년 한국의 현대중공업은 말뫼의 랜드마크인 인양 능력 1600톤의 갠트리 크레인을 단돈 1달러에 사들인다. 이웃 덴마크에서도 바다 건너 보인다고 하던 138미터의 크레인은 선박을 건조하는 조선소가 모두 문을 닫은 이후 더 이상 서 있을 자리가 없었다.

2002년 9월 25일은 말뫼 사람에게 잊을 수 없는 날이 됐다. 크레인이 해체되는 것을 보면서 그들은 눈물을 흘렸다. 이른바 '말뫼의 눈물'이다. 이 크레인은 울산에 재설치된 뒤 '코쿰스(KOCKUMS)' 대신 '현대(HYUNDAI)'로 도색됐다. 예테보리가 에릭스베리 크레인을 지켰다면, 말뫼는 코쿰스 크레인과의 완전한 결별을 선택했다. 크레인을 그대로 둬서는 '뉴 말뫼'가 될 수 없다는 절박함이 있었다. 그만큼 말뫼시민의 조선 사랑은 지극했다.

말뫼의 자랑은 코쿰스 조선소였다. 하지만 여느 유럽의 조선소처럼 1970년대의 석유파동, 1980년 한국과 일본 조선소의 추격을 따돌릴 수는 없었다. 예테보리와 거의 똑같은 시행착오를 거치며 코쿰스 조선소는 문을 닫았다. 코쿰스 조선소가 문을 닫기까지 스웨덴 정부가 10여 년에 걸쳐 지원한 돈은 340억 스웨덴크로나(약 4조 9000억 원)에 달했다. 최고의 직장이 사라지자 도시도 내리막길을 걸었다.

1986년 조선소가 문을 닫은 뒤 말뫼는 사브-스카니아의 상용차 조립 공장을 유치했다. 말뫼는 원래 상용차 제조 회사인 스카니아가 탄생한 도시다. 하지만 이 회사도 오래가지 못했다. 미국 GM에 팔리면서 1990년에 문을 닫았다. 사람이 떠나면서 말뫼 인구는 감소했다. 말뫼는 1990년 말까지 깊은 침체에 빠졌다.

말뫼의 부활, 외레순 다리에서 시작되다

그랬던 말뫼가 2000년 이후 서서히 기지개를 켜고 있다. 말뫼는 지금 생명공학을 앞세운 첨단 도시로 변모하고 있다. 변화의 계기는 1995년이었다. 말뫼시민은 시정부, 기업인, 노조, 대학교수가 참여하는 위원회를 만들어 토론을 시작했다. 말뫼의 생존 전략을 원점부터 재검토한 것이다. '죽은 나무에는 물을 줘봐야 소용없다'는 처절한 경험을 겪은 이후였다. 이들은 '25개년 도시계획'을 세우고 20세기형 노동 집약 산업에서는 손을 떼기로 결정했다. 대신 신재생에너지, IT, 바이오 같은 첨단 산업을 택했다. 말뫼의 눈물은 과거와의 결별을 선언하는 상징이 됐다.

2001년 베스트라함넨 지역에 유럽 최초의 친환경 주거 단지가 조성됐다. 100퍼센트 자체 생산한 청정에너지로 운영되는 친환경 신도시였다. 이어 옛 공장 터 곳곳을 IT 관련 창업 본부로 바꿔 나갔다. 2002년에는 창업 인큐베이터 '밍크'도 열었다. 창업 희망자가 2~3년간 머무르며 꿈을 키울 수 있는 공간이다. 임대료는 한 달에 3000스웨덴크로나(약 42만 원)로 매우 저렴하다. 코쿰스 조선소 본사가 있던 빨간 벽돌 건물은 500여 개의 IT 스타트업 기업이 입주한 '미디어 에볼루션 시티'로 변했다. 조선소 터에는 말뫼 대학과 세계해사대학(WMU)이 들어섰다.

말뫼의 부활에는 2000년 완성된 외레순 다리를 빼놓을 수 없다. 덴마크의 수도 코펜하겐과 말뫼를 잇는 8킬로미터의 이 현수교는 말뫼를 일약 북유럽의 물류·교통의 요충지로 만들었다. 당장 말뫼와 코펜하겐이 30분 경제권으로 묶였다. 말뫼에서 잠을 자고 코펜하겐에서 일하는 사람이 늘어났다.

시의 발상도 탁월했다. 성장을 위해서는 국적도 초월했다. 스웨덴 말뫼와 덴마크 코펜하겐은 항만 당국을 통합했다. 이른바 '코펜하겐-말뫼 통합항만당국(CMP)'이다. 국가가 다른 두 항만 도시가 통합 항만 당국을 설립하는 것은 세계적으로 유례가 없

외레순 다리

터닝토르소

다. 이를 통해 말뫼는 북유럽 완성 자동차의 물류 거점으로, 코펜하겐은 크루즈 중심 항만으로 성장하며 윈윈 했다. 늘어난 통행량은 말뫼를 더욱 국제화시켰다. 말뫼에서는 약 170개국에서 찾아온 사람이 100여 개의 언어를 쓴다.

말뫼의 경쟁력은 '녹색 환경'이다. 말뫼는 2013년 미국 샌프란시스코, 아이슬란드 레이캬비크와 함께 세계에서 가장 깨끗한 녹색도시로 선정됐다. 도시는 100퍼센트 신재생에너지로 운영된다. 풍력발전 48개와 태양열과 지열까지 이용해 도시에 필요한 에너지 전부를 충당하고 있다. 이를 바탕으로 생명공학, 의료기술, 환경공학 등이 꽃을 피우기 시작했다.

코쿰스 크레인이 있던 자리에서 그리 멀지 않은 서쪽 바닷가에 54층짜리 '터닝토르소'가 세워졌다. 터닝토르소는 도시의 랜드마크가 됐다. 스칸디나비아에서 가장 높은 건물로 건물의 몸통이 정확히 90도 비틀어진 꽈배기 형태의 건물이다. 총 54층 중 맨 아래 두 큐브의 10개 층은 상업용으로 쓰이고, 나머지는 주상복합 아파트로 쓰인다.

기업과 일자리가 줄어들기만 하던 말뫼에 새로운 기업이 찾아들기 시작했다. 2000년 이후 말뫼에는 200여 개의 기업이 새로 생겼고, 6만 3000여 개의 일자리가 만들어졌다. 1990년대 22퍼센트에 이르던 실업률은 13퍼센트까지 떨어졌다. 인구도 다시 늘고 있다. 1990년대 23만 명에서 2010년 30만 명을 넘어섰다.

두 도시의 생존 전략은 다르면서도 비슷하다

예테보리와 말뫼, 두 도시는 2017년 현재 스웨덴에서 가장 핫한 도시다. 성장률, 고용, 총소비 모두 스웨덴 전국 평균을 넘어선다. 수도인 스톡홀름과도 맞먹는다. 성장 동력으로서의 역할을 톡톡히 해낸다는 의미다.

스웨덴 통계국의 2000~2014년 연평균 지역 총생산 성장률을 보자. 예테보리는 3.4퍼센트, 말뫼는 2.7퍼센트를 기록했다. 스톡홀름(3.5퍼센트)보다 소폭 뒤지지만 스웨덴 전체(2.3퍼센트)는 크게 앞선다. 2000~2015년 예테보리의 연평균 고용률은 1.5퍼센트로 스톡홀름(1.5퍼센트)과 같다. 말뫼도 1.3퍼센트다. 물론 스웨덴 전체(1퍼센트)보다 높다. 총소비 증가율은 예테보리가 가장 높다. 같은 기간 예테보리는 3.2퍼센트로 스톡홀름(3.1퍼센트)을 앞섰다. 말뫼는 3퍼센트 증가했다. 두 도시의 소비 증가율은 당연히 스웨덴 전체(2.7퍼센트)보다 높다.

예테보리는 노르딕 국가 중에서 가장 큰 항구도시다. 스웨덴 전체 수출의 3분의 1, 컨테이너 물동량의 60퍼센트를 처리한다. 예테보리는 볼보의 도시이기도 하다. 1927년 볼보는 예테보리에서 탄생했다. 세계 최대의 페리 운항 회사인 스테나 라인도 이곳에 본사를 두고 있다. 예테보리에서 페리를 이용하면 독일과 덴마크로 갈 수 있다. 크루즈 입항도 잦다. 예테보리 대학과 샬메르스 공과대학도 유명하다. 특히 예테보리 대학 치과는 세계 최초로 임플란트를 탄생시켰다. 1979년 이후 해마다 1월에 열리는 예테보리 영화제는 스칸디나비아반도에서 열리는 주요 영화제다. 여름에는 다양한 음악 축제가 열린다.

볼보와 조선업의 도시, 스웨덴의 두 번째 도시이자 최대 항구, 그러면서 많은 크루즈와 페리가 입항하고 국제영화제가 개최되며, 우수한 지역 공과대학이 있다는 점에서 예테보리는 우리나라의 울산-부산과 비슷하다. 반면 인구 32만 명의 말뫼는 지역경제에서 조선소가 차지하는 비중이 거제와 닮았다. 외레순 다리는 부산과 이어지는 거가대교를 연상케 한다. 깨끗한 자연환경도 거제와 비슷하다. 하기에 따라서는 거제도 말뫼처럼 수준 높은 주거 공간과 첨단 산업을 유치할 가능성이 있다는 의미다.

예테보리와 말뫼, 두 도시의 생존 전략은 다르면서도 비슷하다. 다른 점은 도시 전략이다. 예테보리는 조선소 유산을 살리면서 변화를 꿈꿨다. 반면 말뫼는 과감한 결별을 선언했다. 닮은 점은 의사 결정 과정과 지향점이다. 두 도시 모두 시민의 중지를 모아 미래를 결정했고, 지속 가능한 생태도시를 지향한다. 쾌적한 환경이야말로 사람을 불러 모으고 인재를 끌어올 수 있는 기회가 된다. 심각한 미세먼지, 오염된 공기, 교통난, 폐오일로 뒤범벅된 바다를 끼고 있는 한국의 조선 도시로서는 곱씹어볼 만한 대목이다.

말뫼의
　해상 사우나

덴마크의 수도 코펜하겐에서 승용차나 전철을 타고 외레순 다리를 건너면 스웨덴 말뫼에 도착한다. 역사와 전통을 자랑하는 해상 사우나 시바릅스 살트셰바드(Sibbarps Saltsjöbad)는 코펜하겐과 말뫼를 잇는 외레순 다리가 굽어보이는 곳에 위치한다. 말뫼시내에서 아주 가까운 해변에 자리해 휴식과 건강을 위해 많은 사람들이 쉽게 찾는 공공시설이다. 시바릅스 살트셰바드의 역사는 일찍이 19세기로 거슬러 올라간다. 그러나 이 오래된 시설은 2010년 태풍으로 파괴되고 말았다. 그 후 수리하여 현재의 모습으로 남아 있다. 해안에서 50여 미터가량 나무다리를 건너면 바다 한복판에 지어진 사우나 시설이 나온다. 태풍과 파도에 휩쓸리지 않게 현대식 콘크리트 방파제를 둘렀다. 물론 예전에는 완전히 나무로만 축조되었다. 입구를 지나면 마치 수영장인 듯 바다를 둘러싸고 개인 탈의실 구실을 하는 통나무집이 줄지어 있다. 사우나는 세 개의 공간으로 구분되는데, 양쪽 출입구는 여성, 남성 탈의실 공간으로 연결되고, 가운데 공간은 남녀 공용으로 사용할 수 있다. 남녀가 발가벗고 사우나실에서 만나는 풍경은 매우 익숙하다. 남녀 혼욕은 북유럽의 오랜 전통이기도 하다.
여느 북유럽의 전통 사우나와 마찬가지로 이곳 역시 나무 장작으로 불을 땐다. 사우나 안의 온도는 80~90도에 달하며, 건식 사우나로 땀을 낸 후 바다로 뛰어들어 몸을 식힐 수 있다. 드넓은 발트해 속에 몸을 담가 식히는 청량감은 일반 사우나에 비할 바가 못 된다. 한겨울 북풍이 몰아치는 발트해로 뛰어들었다가 다시 건식 사우나로 돌아와 몸을 데우고 또다시 뛰어들다 보면 감기 예방에는 그만이다. 1년에 5일만 빼고 연중 운영되며, 요금은 1인당 65스웨덴크로나(SEK, 9000원)다. 공공위생을 위해 개인 엉덩이 매트는 각자 반드시 지참해야 한다.

한국의 해안 시설에서 가장 부족한 부분이 바로 해상 사우나다. 말뫼의 사우나는 워터프런트를 이용한 해상시설의 모범적 전형으로 한국이 미래형 인프라로 받아들여야 할 좋은 사례라고 할 수 있다. 고령화 사회에서 해수 사우나를 통한 건강과 휴식은 시민 복지와도 직결되기 때문이다.

중세 도시,
에스토니아
탈린의
변신

중세 발트해의 진주, 탈린
탈린의 심장, 로테르마니 산업지구
재생의 상징, 수상비행기 격납고 렌누사담

적어도 10세기경 탈린은 도시로 형성되기 시작했다. 10~11세기 이후에는 콘스탄티노플(오늘날 이스탄불)로 향하는 바이킹 항로에 위치하게 된다. 유서 깊은 톰페아(Toompea) 석회암 언덕에는 요새와 교역소가, 산기슭에는 항구가 있었다. 5000년 전 신석기시대의 것으로 보이는 유적이 확인되기도 했다.

중세 발트해의 진주, 탈린

탈린인의 삶에 결정적 영향을 미친 계기는 1285년 한자 도시가 되면서부터다. 13세기에 독일기사단의 십자군 원정대가 이곳에 성을 세웠고, 이후 한자동맹의 주요 도시로 발전하여 화려한 교회와 상인 건물이 들어섰다. 발트해의 동서가 만나는 전략적 위치에 자리해 무역에 유리했기 때문이다.

탈린의 관할권을 둘러싸고 여러 나라의 각축이 있었지만, 탈

밀카루공장의 변신

린의 발트해에서의 지정학적 위치는 그 존재가치가 훼손된 적이 없었다. 더군다나 제1, 2차 세계대전을 겪은 후에도 탈린은 잘 살아남았다. 구시가지는 '중세 발트해의 진주'로 불릴 만큼 [1] 중세의 신비로운 경관을 자랑한다. 구시가지 전체가 유네스코 세계문화유산으로 등재될 정도로 중세의 건축물과 성벽 등이 원형 그대로 잘 보존되어 있다.

탈린의 구시가지가 관광객을 끌어들이는 용광로라고 한다면, 이와 다른 차원의 외곽도 있다. 실제로 탈린시민이 살아가는 곳은 산업지구와 연결된다. 그 가운데 로테르마니 지구와 항구 지역은 도시 재생이 본격화하여 눈길을 끈다. 로테르마니는 오늘날 많은 영화관과 콘서트홀, 은행, 관청, 사무실, 쇼핑센터 등이 몰려 있다. 공장과 결합하여 발달한 구역이기에 획일적인 건축물이 없다. 그만큼 자유롭고 개방적이면서도 지역적인 개성이 살아 있는 구역이다.

탈린의 심장, 로테르마니 산업지구

로테르마니는 창의적인 구역이다. 중세의 구시가지, 항구, 비루 광장 사이에 위치한 탈린의 심장이다. 19세기의 모습이 잘 보존된 산업·상업 구역이었는데, 20세기에 들어와 무역기지로 거듭난다. 19세기 이래로 백화점, 제재소, 전분공장, 알코올 증류소, 파스타 공장, 땅콩공장, 밀가루공장, 빵공장, 생선 냉장시설 등이

로테르마니 거리 입구
레스토랑으로 변신한 옛창고

호텔로 변신한 발전소 주변
로테르마니 도시 재생의 중심부

탈린발전소 굴뚝

들어섰다. 타르코프스키 감독의 컬트영화 〈스토커〉(1979)의 무대가 바로 로테르마니 구역이다. 과학적 픽션 장르를 드라마틱하고 철학적이며 심리학적인 주제로 이끌 만한 배경으로 적당한 현장이었을 것이다.

한 밀가루공장 위에는 쇠와 유리를 이용해 세 개의 타워를 올렸는데, 밀가루공장의 너더분한 분위기를 일신하고 현대적인 느낌을 부여했다. 초현실적인 느낌도 든다. 이런 신축 건축물을 보면 차가운 듯 명쾌하고 과감한 색을 선택하는 북유럽 디자인의 영향권에 있음을 알 수 있다. 1908년에 세워진 소금창고는 문화센터가 됐다. 소금창고의 육중한 건축물과 내부 시설을 단아하게 변화시켰다. 소금창고는 사회주의 해체 이후의 변화 속에서도 잘 보존됐고, 1996년 에스토니아 건축박물관으로 편입됐다.

1887년에 세워진 옛 전병공장의 경우 굴뚝 일부를 남겨서 공장의 역사적 상징으로 삼고 현대식 건축물로 재탄생시켰다. 가죽공장은 구두공장과 구두판매소로 바뀌었고, 다수의 다른 밀가루공장과 화약공장도 재건축을 기다리는 중이다.[2] 또 1865년에 가동을 시작해 가로등과 건물의 불을 밝혔던 가스공장은 1910~1913년에 탈린발전소로 변했나. 로테르마니 중심가에 자리한 발전소 굴뚝은 상징적으로 보존됐으며, 보일러실은 문화센터로 변모했다.

이런 건축물에서 문화와 관련된 다양한 공연, 전시, 콘서트 등이 열린다. 에스토니아 정부는 2009년 국제건축공모를 개최

해 탈린에 산재한 열한 개의 정부사무소를 하나로 모았다. 로테르마니 지구에서 구시가지로 들어오는 길목에 위치한 제7일안식교회는 에스토니아의 독립운동기인 1923년에 세워졌다. 창을 작게 만들고 장중한 무게감을 주는 건물로, 로맨틱한 전통을 살린 이상적인 건축물이다. 도심 복판에 자리한 근대 건축 유산의 상징으로 여겨진다.

로테르마니 구역은 옛 산업 지구가 어떻게 개인 소유인데도 도시가 나아갈 미래의 전망을 담아내고 적절하게 변화를 모색해 가는지에 대한 좋은 사례로 주목받는다. 공장과 창고, 발전소, 사무실, 교회 등 옛 건축물은 레스토랑, 아트갤러리, 스튜디오, 사무실 등으로 변화해가는 중이다. 물론 코카콜라 플라자가 상징하듯 구미 자본의 물결이 몰려든 것도 사실이며, 재건축 비용의 일정 정도는 EU의 지원과 통제를 받고 있는 것도 사실이다.

재생의 상징, 수상비행기 격납고 렌누사담

탈린은 항구 덕분에 성장했다. 오늘날 칼라마자 항구 구역은 중세에는 조금 떨어진 조금 떨어진 외국인 기주지였다. 애초에 어촌으로 발전한 지역이라 에스토니아는 물론이고 스웨덴, 핀란드의 어부도 정착하여 살았다. 19~20세기에 노동자 주거지가 형성됐고, 산업과 공장 지대로 정착됐다.

항구 구역이 급변한 것은 러시아혁명 이후 소비에트 유산이 항구를 점령하면서부터다. 러시아의 포트르 대제는 1916~1917년에 탈린을 해군기지로 삼았다. 항구 구역에는 조선소(1913)와 거대한 감옥(1840)도 있었다. 탈린을 중시한 상트페테르부르크의 전통은 그대로 러시아 혁명정부로 이어졌다. 소련은 항구 구역을 발트함대의 거점으로 삼았으며, 거대한 수상비행기가 뜨고 내리는 군사비행장으로 사용했다.

수상비행기 격납고인 렌누사담은 건축사적으로도 매우 높이 평가받는다. 당시 덴마크의 크리스티나 & 닐슨 회사가 이 거대한 공사를 맡았는데, 완공된 당시는 물론이고 1930년대에도 전례가 없을 만큼 규모가 컸다. 공사는 혁명 전에 시작됐으나 러시아혁명으로 1917년에 일시 멈추었다가, 혁명 이후 공사를 재개해 1920년대 중반에야 완공됐다. 50×100미터에 달하는 어마어마한 면적, 8센티미터 두께에 불과한 둥근 돔형 지붕 세 개로 버티는 놀라운 기술력이 적용됐다.[3] 오늘날의 건축 이론과 기술로도 쉽지 않은 공법이다. 세월이 흘러 이 격납고는 거의 무너지기 직전이었지만, 2010년 해양박물관으로의 변신이 결정되어 수리가 시작됐다. 마침내 2012년에 에스토니아 해양박물관으로 개장했으며, 탈린 항구 구역의 재생을 선도하는 상징이 됐다.

항구 구역의 상당 부분은 오랜 세월 동안 시민의 접근을 막았고, 소련 해체 후에도 민간인 출입 금지 구역이 많았다. 그 결과 탈린시민과 항구는 매우 단절적이다. 스톡홀름이나 헬싱키에서 오는 크루즈도 구시가지에서 내려다보이는 앞바다에 정박하지, 주로 군사용으로 사용돼온 항구 구역으로는 가지 않는다. 탈린을 찾는 관광객이 항구 구역을 방문할 만한 이유도 별로 없다. 항구 구역 도시 재생의 속도도 더디고 도심과의 연결점도 약하다. '문화적 킬로미터'로 호칭되는 2.2킬로미터의 자전거도로가 도심과 떨어진 항구를 연결할 뿐이다.

그러나 발트해 크루즈가 날로 번창하고 관광객 증가로 물류가 확대되면서 세계문화유산으로 지정돼 개발이 강하게 제한되는 구시가지에 더해 항구 구역이 새로운 탈린의 미래를 보장하는 공간으로 주목받게 될 것이다.

빌뉴스의
 오래된
 호텔

나루티스 호텔(Narutis Hotel)은 리투아니아 빌뉴스 올드타운의 시청사와 성당 광장을 연결하는 중앙통에 자리한다. 리투아니아의 대통령궁, 의회, 관공사, 대사관 그리고 호박 등의 보석을 파는 상점, 레스토랑 등을 모두 도보로 갈 수 있는 위치다. 빌뉴스 VNO 공항에서 불과 10킬로미터 떨어져 있다. 올드타운이기 때문에 당연히 주차장 따위는 기대할 수 없다는 단점은 있다.

빌뉴스는 리투아니아대공국, 폴란드-리투아니아연방, 소비에트 등 파란만장한 역사 속에서도 꿋꿋하게 이어져왔다. 강을 따라 312킬로미터 떨어진 곳에 위치한 항구 도시 클라이페다를 통해 발트해의 여러 도시와 연결되며, 예전에는 한자동맹의 도시와 무역을 하던 번성한 곳이었다.

16세기 초반 빌뉴스는 아홉 개의 성문과 세 개의 성탑을 갖춘 성곽도시로 출발했다. 폴란드의 지그문트 2세가 1544년 빌뉴스로 왕궁을 이전하면서 번성기를 맞이했다. 1579년에는 빌뉴스 대학이 완공됐고, 호텔로 쓰이는 고풍스러운 건축물도 빌뉴스의 번영기인 1581년에 완성됐다.

나루티스 호텔은 유네스코 세계문화유산에 포함된다. 호텔로 들어서면 좁은 로비가 나오는데, 4층 높이의 천장이 있는 것으로 보아 나중에 호텔로 개조하면서 유리 지붕을 씌운 것임을 알 수 있다. 엘리베이터가 고색창연하다.

역사의 흔적이 고스란히 남은 벽은 거칠다. 유리, 쇠 등의 새로운 소재로 건축물을 다듬었지만 역사의 흔적까지 지우지는 않았다. 객실로 들어가 창문을 열면 도시의 역사와 함께해온 성 요한 성당과 오랜 역사를 자랑하는 빌뉴스 대학의 본부 건물이 눈에 들어온다.

호텔은 객실이 모두 52개밖에 되지 않으나 고객은 여섯 개의 서로 다른 유형의 객실을 선택할 수 있다. 역사적인 건축물이기 때문에 방의 크기나 디자인, 공간 배치 등이 저마다 다르다. 획일적인 현대의 호텔과는 격이 다르다. 이를테면 다락방은 지붕의 비스듬한 굴곡을 그대로 살려서 그 나름의 풍취를 풍긴다. 바닥에는 색색의 대리석이 깔렸고, 욕실 창문을 통해서 시내 풍경을 구경할 수도 있다. 지하에는 독특한 풀장이 있다. 지하 스파인데, 크기는 자그마하지만 품격은 높다. 16세기의 벽돌 벽을 그대로 살리고 나머지 부분은 세련되게 마감했다. 식당도 지하에 있다. 카펫이 장중하게 깔린 16세기의 지하실인데 벽면이 인상적이다. 빌뉴스의 이 건물은 도시 재생과 고건축물 재생의 완벽한 사례다. 440여 년 전의 건축물이 고스란히 살아 숨을 쉬면서 가장 현대적인 공간으로 이어지고 있다. 어쩌면 이 호텔은 발트해 연안국의 많은 사례 중 작은 하나의 예일 수도 있다. 보이는 대로 부수고 새 것만 좋아하는 한국인이라면 눈여겨볼 대목이다.

SPECIAL THEME 02

해양박물관의 모든 것

에스토니아 탈린의 해양박물관
라트비아 리가의 해양박물관
폴란드 그단스크의 해양박물관
스웨덴 스톡홀름의 해양박물관
러시아 상트페테르부르크의 해군박물관

에스토니아
탈린의
해양박물관

에스토니아의 탈린 성문 옆에는 4층짜리 석조 건물이
바로 붙어 있다. 한자동맹 시대의 건축물로, 벽면의 검은색
돌에 새겨진 각인은 1918~1920년 에스토니아의 독립을
위해 발트해에서 싸운 이들을 도와준 영국 해군 승무원을
기념한다는 내용이다. 고풍스러운 석조 건물 외형은 그대로
살리고 내부는 콘크리트와 철제 프레임으로 골조를 보완했다.
벽면에 뚫린 대포 구멍에 그대로 전시물을 배치하는 방식으로
가능한 한 옛 건축의 원형을 살렸다. 1층에는 책자와 등대 모형
등을 파는 기념품 가게가 있다.
전시물의 연대는 에스토니아의 바이킹 시대로 거슬러
올라간다. 에스토니아도 바이킹의 역사에서 예외일 수 없다.
전시물을 보면 독일에서 스웨덴을 거쳐 탈린으로 와 강을
이용해 슬라브 권역으로 들어가던 고대의 무역로를 알 수
있다. 팔찌와 목걸이, 동전, 선박 모형 등은 발트해의 여느
박물관 것과 다름이 없다. 북극권까지 갔던 에스토니아 탐험대,
중세에서 19~20세기에 이르기까지의 탈린, 잠수, 등명기와
각종 랜턴, 마지막으로 4층의 수산 어로 도구와 옛 사진으로
전시를 마감한다. 1994년 9월 28일 852명의 생명을 앗아간
발트해 최대의 비극을 재현한 그림과 선박 모형이 눈에 띈다.
옥상으로 올라가면 발트해가 한눈에 들어온다. 핀란드, 스웨덴,
러시아 등지로 떠나는 크루즈가 줄지어 떠 있는 풍경이다.
박물관 안마당에서는 한창 발굴이 진행 중이다. 탈린의
국립해양박물관은 자신들의 해양 전통과 오랜 역사 그리고

옛 성곽 건물을 개조한 에스토니아 국립해양박물관 내부

국립해양박물관 뒷마당에서 진행되는 고고학 발굴

건축을 결합시킨 전통적인 해양 인프라라고 할 수 있다.
탈린시내에서 항구로 나가면 에스토니아 해양박물관(전신은 수상비행기 격납고)이 나온다. 최근 신도시로 뜨고 있는 렌누사담 지구다. 수상비행기 격납고는 러시아가 에스토니아를 점령한 뒤인 1916~1917년 상트페테르부르크를 방어하기 위한 시스템의 하나로 구축됐다. 제2차 세계대전 이후 방치돼 있다가 철거 대신 해양박물관으로 재활용하기로 결정됐을 당시 건물 일부는 이미 무너져 내리고 있었다. 2012년 마침내 원형의 돔으로 연결된 거대한 규모의 이색적인 수상비행기 격납고가 박물관으로 거듭났다.

성벽 옆에 붙어 있는 해양박물관이 전형적인 고전적 콘텐츠 위주라면, 이 해양박물관은 도시와 건축 재생, 스토리텔링 등 도발적인 현대적 전시 방법을 채택했다. 전시는 크게 야외와 실내로 나뉜다. 실내 전시장은 본디 비행기 격납고로 쓰이던 거대한 창고를 개조한 것이다. 옆벽이 열렸다 닫혔다 하여 바다 경관이 한눈에 들어오게 설계됐다. 과거의 격납고 흔적을 고스란히 살린 것이다.

수상비행기 전시는 3층 위, 즉 하늘·수면·수중으로 나뉜다. 주요 전시 아이템은 비행기, 잠수함과 선박, 등대다. '시플레인 쇼트(seaplane short 184)'는 1919~1933년 당시 공격을 성공적으로 수행했던 비행기로, 1915년에 쇼트 브라더라는 유명한 항공기회사가 제작했다. 한쪽 날개가 20미터에 달하고 두 명의 조종사가 탔다. 이 비행기는 에스토니아에 여덟 대가

잠수함, 시플레인해양박물관

남아 있었지만, 현재 모두 사라지고 박물관에 있는 비행기는
전시용품이다.

실내는 2층 구조로 되어 있어 관객은 2층으로 올라가 통로를
따라서 한 바퀴 돌면서 구경하면 된다. 전시물은 눈높이보다
낮게 놓여 있어 시각적으로 부감 효과가 난다. 소형 선박과
카누, 특히 발트해가 결빙되면 얼음판 위를 달리던 빙상 요트가
인상적이다. 강렬한 색의 부표가 장식성 강하게 전시되어
있는데, 이는 야외에 설치된 장식 부표와 조응한다.

렘비트 잠수함은 1936년에 진수됐으며, 에스토니아 해군의
자랑이었다. 당시에는 첨단 잠수함이었다. 렘비트와 자매
함선인 칼레브는 에스토니아 해양사에서 유일하게 편대를
이루었던 잠수함이다. 칼레브는 제2차 세계대전 때 사라졌으나
렘비트는 지금까지 살아남았다. 렘비트는 현존하는 잠수함
가운데 세계에서 가장 오랜 연륜을 자랑한다. 관람객은 해치를
열고 안으로 들어가 얽혀 있는 굵고 가는 배관선과 압력기,
좁디좁은 침대와 부엌, 화장실 등 평소 접근하기 어려웠던
잠수함의 내부를 둘러볼 수 있다.

1987년 수중에서 발굴된 마실린나 선박도 있다. 16세기
중엽에 건조된 것으로, 에스토니아에서 수중 발굴된
선박으로는 최고로 오래된 것이다. 에스토니아 해양박물관의
수중고고학팀이 발견하여 준비 작업을 거쳐 2년 뒤에 해안으로
끌어올렸다.[4]

1층 입구의 기념품점에서도 에스토니아의 해양력을 읽을 수

있다. 물고기 문양 접시받침, 냅킨, 등대와 선박 모형, 해양 문양 도자기 등 다채로운 기념품을 판다. 해양문화 상품의 질과 양은 또 다른 해양력의 상징이다.

박물관 야외전시장 입구에는 목재 잠수함 모형이 서 있다. 크림전쟁 때 러시아에 맞선 영국과 프랑스의 함대가 발트해에 들어왔을 때 엔지니어 오토마르 게른이 목재 잠수함을 만들어 탈린항에서 실험했다. 이 잠수함은 실전에 쓰이지 못했으나, 게른은 이후에도 상트페테르부르크에서 잠수함 실험을 계속했다.

야외에는 등대 이미지의 공공 조각품이 즐비하다. 아이들은 선박 모형의 놀이터에서 바다 체험을 하며 안전교육도 받는다. 부두에는 100년 전통의 쇄빙선이 떠 있는데, 1914년 폴란드의 불칸베르케 AG 조선소에서 건조된 것으로 한때 세계 최강이었다. 20세기 초 발트해에서 활동하던 쇄빙선 중 현재 남아 있는 세 척 가운데 하나다. 방문객은 선상에 올라가 각종 시설을 둘러볼 수 있다.

라트비아
리가의
해양박물관

바다로 흐르는 강을 따라 형성된 라트비아의 수도 리가. 일명 '박물관의 도시'로 불리는데, 예술·역사·과학·자연 등에 관한 다양한 박물관이 곳곳에 있다. 해양과 관련해서는 '리가 역사 및 항해박물관'이 유명하다. 유럽에서 가장 오래된 박물관의 하나로, 1773년에 설립됐다. 총 열여섯 개의 전시실에서 800년이 넘는 라트비아의 역사를 다루는데, 10세기 이후의 조선(造船) 역사도 포함된다. 고대의 무기, 도구, 한자동맹 시절

라트비아 범선

배의 방향을 잡는 항해 도구, 리가의 해양박물관

선박, 유럽에서 유명했던 은 대장장이의 뛰어난 공예품도 볼 수 있다.

리가의 다양한 박물관은 발트해의 역사와 무관하지 않다. 개인의 집을 개조해 만든 아주 독특한 '멘첸도르프 하우스'에서는 발트해 무역으로 17~18세기에 부를 축적한 리가의 문화 전통을 엿볼 수 있다. 옛 상점, 부엌, 가족 예배실 등을 통해 발트해 무역으로 풍요로웠던 리가인의 삶이 펼쳐진다.

장식과 디자인을 주제로 한 박물관은 이 도시가 장식성과 디자인 면에서 만만한 수준이 아님을 말해준다. 리가는 도자기 무역으로도 이름을 떨쳤는데, 리가 도자기박물관은 1841년 설립된 도자기공장 쿠즈네코프스, 1886년에 설립된 제센을 비롯해 후대에 설립된 여러 공장에서 생산된 도자기를 전시한다. 물론 소비에트 이데올로기에 헌정된 정치색 강한 도자기도 구경할 수 있다.

그 밖에도 18세기의 약품을 다루는 약국박물관, 1933년에 문을 연 사진박물관, 소비에트와 나치의 점령을 다룬 점거박물관, 1869년에 설립된 고고학적·민족학적·건축학적·예술사적 물품을 다루는 국립 라트비아 박물관, 라트비아 예술박물관, 라트비아 유대인박물관, 철도역사박물관 등 2017년 현재 무려 37개의 박물관이 있다.

폴란드
그단스크의
해양박물관

발트해 해양문화 인프라의 압권은 단연 폴란드의 그단스크에
있다. 그단스크에 대해서는 그간 간과돼온 사실이 하나 있는데,
역사적으로 축적된 엄청난 해양력이 있었기에 자유노조
같은 세계사를 바꾼 운동이 가능했다는 점이 그것이다.
유서 깊은 중세 건물에 자리한 국립해양박물관은 여러 개의
박물관을 거느린 융복합적 해양 인프라의 모범이다. 건너편의
해양문화연구소, 라군(석호) 박물관, 강박물관, 어업박물관,
선박박물관 등 크고 작은 특성 있는 박물관이 계열을 이룬다.
해양 통합 행정의 좋은 사례다.
그런데 해양박물관을 왜 군이 오워비안카섬에 두었을까?
단연 이 섬의 역사적 위상 때문이다. 오워비안카는 그단스크
동쪽에 위치한 하중도다. 모트와바강과 1576년에 건설된
스텝프체 운하로 막혀 있는데, 그단스크의 무역 중심지로 부의
원천이었다. 섬에 세워진 첫 번째 빌딩은 14세기의 도살장
건물이다. 곡물창고가 늘어나기 시작했고, 16세기에는 공격에
대비해 방어시설을 정비했다. 1643년에는 창고가 315개나
있었고, 25만 톤의 곡식을 처리할 수 있는 약 200척의 배도
소유했다.
대표적인 건물은 1677년에 세워진 고딕 양식의 창고다.
중세 그단스크의 삶은 모트와바강 왼쪽 지역에 집중됐다.
도시의 문도 거기에 있었으며 나무다리도 놓였다. 하지만
항만의 지속적인 개발을 위해서 새로운 저장고가 필요해졌고,
따라서 강 건너편에도 부두를 마련해야 했다. 16~17세기에는

섬에서 육지로 항구가 확장돼 나갔다. 그 결과 그단스크는 발트해 최고의 항구, 유럽에서 가장 부유한 도시가 됐다. 어떤 곡식창고의 이름은 지명에 남아 오늘날까지 이어진다. 중세의 건축물로 가득했던 섬은 제2차 세계대전으로 파괴됐고 오직 세 채의 건물만 남았다. 폐허로 변해버린 곡식창고는 여러 해에 걸쳐 되살아났으며 호텔, 아파트, 지하주차장, 레스토랑, 상점, 광장 등이 들어섰다. 전쟁 이후 그나마 벽체라도 남아 있던 건물 세 채는 1985년에 재건축되어 국립해양박물관으로 변모했다.

해양박물관 1. 본관

국립해양박물관 본관은 중세에서 현재까지 폴란드의 해양사를 잘 기록한 아날로그적 전시가 주를 이룬다. 9세기의 비스와 보트, 15세기의 상선을 볼 수 있다. 구리선(copper)이라 불리는 이 상선에 구리 조각, 쇠막대, 나무상자, 타르와 왁스 같은 것이 실려 있었는데, 모두 수중 발굴한 것이다. 스웨덴 전함 솔렌의 무기, 스웨덴·폴란드·러시아의 대포와 갑옷 등도 전시된다. 1627년 11월 그단스크 올리바에서 폴란드 함대는 스웨덴의 항구 봉쇄를 피하려고 스웨덴 함선 두 척을 공격했다. 스웨덴의 기함인 솔렌은 폭발로 부서졌다. 침몰한 솔렌의 유물은 수중 발굴로 육지로 끌어올려졌다. 박물관에서는 조선소 발달에 관한 흥미로운 이야기도 볼 수 있고, 폴란드의 선박 디자인과 건조 기술도 엿볼 수 있다.

중세의 발트해 연안 풍경
바이킹 선박을 이용한 수렵생활, 그단스크 국립해양박물관

수중고고학은 관람객을 전시물뿐 아니라 수중 발굴 기록과 잠수의 고고학적 발굴 역사로 안내하며, 잠수 장비의 진화를 보여준다. 고전적인 잠수복에서 쿠스토 선장의 아쿠아복까지 흥미로운 전시물이 가득하다.[5]

건물 내에 바다 갤러리가 별도로 마련되어 있다. 19세기 폴란드 예술의 거장 알렉산드르 기에림스키, 화가이자 디자이너인 페르디난드 루슈치츠, 특히 바다 풍경을 많이 그린 미하우 비비오르스키, 네덜란드 황금시대의 바다 풍경을 다수 그린 빌럼 판 더 펠더(더 엘더)의 작품을 볼 수 있다. 특히 러시아의 낭만주의 화가로 바다 풍경을 뛰어나게 그린 이반 아이바좁스키의 그림은 전시의 백미다.

해양박물관 2. 솔덱 선박박물관

박물관 본관 앞에는 솔덱 선박박물관이 독(dock)에 묶여 있다. 솔덱은 그단스크에서 최초로 대양을 건넌 선박이다. 석탄을 연료로 썼으며, 1948년에 그단스크 조선소(1917년 설립)에서 건조되어 1949년 첫 항해를 시작했다. 1981년까지 1479회 항해, 60개 이상의 항구 방문, 350만 톤의 화물을 처리했다. 퇴역 후인 1985년에 선박박물관이 됐다.

해양박물관 3. 중세 크레인

그단스크의 항구 경관을 압도하는 것은 1444년에 세워진 유럽 최고의 크레인이다. 크레인은 도시의 관문으로 이용됐으며 중세 성곽 시스템의 중요 요소였다. 19세기까지 크레인은 화물을 하역하고 선박의 돛대를 세팅하는 일을 했다. 크레인의 중앙은 두 짝의 직경 6미터에 달하는 거대한 쳇바퀴인데, 4톤 무게를 11미터 높이까지 끌어올릴 수 있다. 제2차 세계대전 당시 목조 부분은 불에 탔고 벽돌 부분도 절반만 남았다. 1962년에 복원되어 나중에 해양박물관으로 넘겨졌다. 지금도 단연 항구에서 눈에 띄는 선축물이며, 그단스크를 그린 그림과 사진에 빠지지 않는 중세적 경관을 연출하는 상징이다.

해양박물관 4. 해양문화연구소

크레인 바로 옆에는 유리창이 많은 재생 건축물이 '해양문화연구소'라는 이름을 달고 서 있다. 건물 중앙의 천장에는 외국의 전통 카누 같은 선박이 매달려 있어 관람객에게 해양에 대해 쉽게 알려준다.

1층은 '배-우리의 열정' 편으로 꾸며진다. 폴란드의 지도적 조선소인 레몬토바 홀딩스가 스폰서가 됐는데, 선박 플랜트 드릴십과 조선 건조 시뮬레이터를 선보인다. 방호복을 입고 인터랙티브 상황에서 조선소 근무도 해볼 수 있고 컨테이너를 옮기거나 항해와 선박 접안, 수리까지 경험해볼 수 있다.

2층은 '사람-배-항구' 편이다. 60개가 넘는 인터랙티브 장치로 선박 건조, 항구, 항해, 해상 구조, 수중고고학 등의 체험을 할 수 있다. 리모트컨트롤로 항구에 화물을 적재해볼 수 있고 선장실, 선박 조종, 월풀과 쓰나미까지 체험할 수 있다.

옛 기중기와 해양문화연구소

해양문화연구소 네북

3층은 '세계의 선박' 편이다. 다양한 환경과 여러 나라의 선박
건조 기술 그리고 그 문화를 상징하는 도구 등이 전시된다.
대를 이어 내려오는 전통 지식도 설명해준다. 노르웨이,
아일랜드, 이탈리아, 케냐, 탄자니아, 파나마, 방글라데시,
인도네시아, 가나, 베트남, 사모아 등지에서 오늘날까지 일부
쓰이는 전통 선박이 두루 전시된다.

해양박물관 5. 헬 어업박물관

폴란드의 헬은 아주 독특한 지형을 갖고 있다. 발트해로 돌출된
긴 모래톱이 만을 막고 있으며 건너편에 거대한 석호가 있다.
유서 깊은 헬 등대가 서 있는 모래톱에는 전통적인 어촌이
자리한다.[6] 어업박물관은 헬에서 가장 오래된 건축물로,
복음주의 교회였던 곳을 개조한 것이다. 건물 앞에 나무
타워가 있어 낮은 높이지만 위에 올라가면 헬의 드넓은 바다와
나지막한 마을이 내려다보인다. 야외에는 전통 어선이 전시돼
있으며, 박물관 바로 앞 독에 어선이 정박해 있는 어촌의
생활상 그대로를 보여준다.

해양박물관 6. 포모르자 범선박물관

3단 돛을 갖춘 아름다운 흰색 범선은 애초에 독일 상인에 의해
함부르크에서 건조됐다. 박물관 이름인 '다르 포모르자(Dar
Pomorza)'는 '포모르자의 선물'이라는 뜻이다. 이 배는 1929년
폴란드에 도착해 폴란드 항해가의 훈련에 쓰였다. 1982년

퇴역할 때까지 105회 항해, 383개 항구 방문, 1만 4000명의
선원 훈련생을 배출했으며, 퇴역과 동시에 박물관으로
이용되고 있다. 관람객은 선박의 엔진실, 선장실, 사무실,
승무원실 등 1909년 건조 당시 그대로의 시설물을 구경할 수
있다.

해양박물관 7. 트체프 강박물관

강박물관은 폴란드에서 가장 긴 강에 바치는 역사적
헌정물이다. 강가에 위치한 옛 가스 공장 터를 활용했는데,
강을 이용한 교역의 역사, 16~18세기 황금시기의 기록, 강의
상업적 활용과 강상무역 등을 다룬다. 상품과 사람을 실어
나르던 길이 10미터에 달하는 19세기에서 20세기 초반의 배가
전시되어 있다.

해양박물관 8. 라군 박물관

그단스크만 옆에는 초대형 비스와 석호가 있다. 박물관은
석호의 작은 어항에 자리한 옛 선박 작업장이다. 다른 곳에서
보기 힘든 폴란드 어선을 구경할 수 있다. 배를 건조하고
수리하던 19세기에서 20세기 초반의 다양한 연장이 수집되어
있다. 박물관은 석호를 이용한 어민의 수산사와 선박 건조,
수리, 로프, 일과 항해에 관한 자료를 전시한다.

스웨덴
스톡홀름의
해양박물관

해양강국 스웨덴의 수도 스톡홀름은 섬과 섬의 네트워크로 이루어진 도시이자 박물관의 도시다. 2017년판 팸플릿에는 무려 85개의 박물관이 소개됐다. 특히 바사 박물관이 그 중추다. 바사 박물관은 해양 스웨덴의 위상을 분명히 드러내준다. 그러나 편제상 스웨덴 국립해양박물관에 소속된 해양박물관 세 곳 중 하나다. 스웨덴의 국립해양박물관은 국립해양역사박물관, 바사 박물관, 군사박물관(Karlskrona)으로 구성된다. 바사 박물관 옆 바닷가에 위치한 쇄빙선 상트 에리크(1915)와 등대선 핀그룬데트(1903)도 국립해양박물관의 가족이다.

해양박물관 1. 바사 박물관

공식 홈페이지에 가면 이런 글이 나온다. "바사호가 전복되어 1628년 스톡홀름에서 침몰했습니다. 333년 만에 해저에서 이 강력한 전함을 인양하여 항해는 계속될 수 있었습니다. 오늘날 바사호는 세계에서 유일하게 보존된 17세기의 선박이며, 스칸디나비아에서 가장 많은 사람이 방문하는 박물관입니다." 바사 박물관의 콘텐츠와 위상을 잘 말해준다. 구스타브 아돌프가 왕위에 오른 1611년은 스웨덴이 러시아, 덴마크, 폴란드와 전쟁을 하던 시기였다. 구스타브는 21년간 통치했는데, 그중 18년 동안 전쟁을 했다. 당시 스웨덴은 매우 빠르게 발전하고 있었다. 예테보리는 당시 설립된 몇 개의 신도시 중에서 가장 컸다. 구스타브는 강한 나라를 만들기 위해

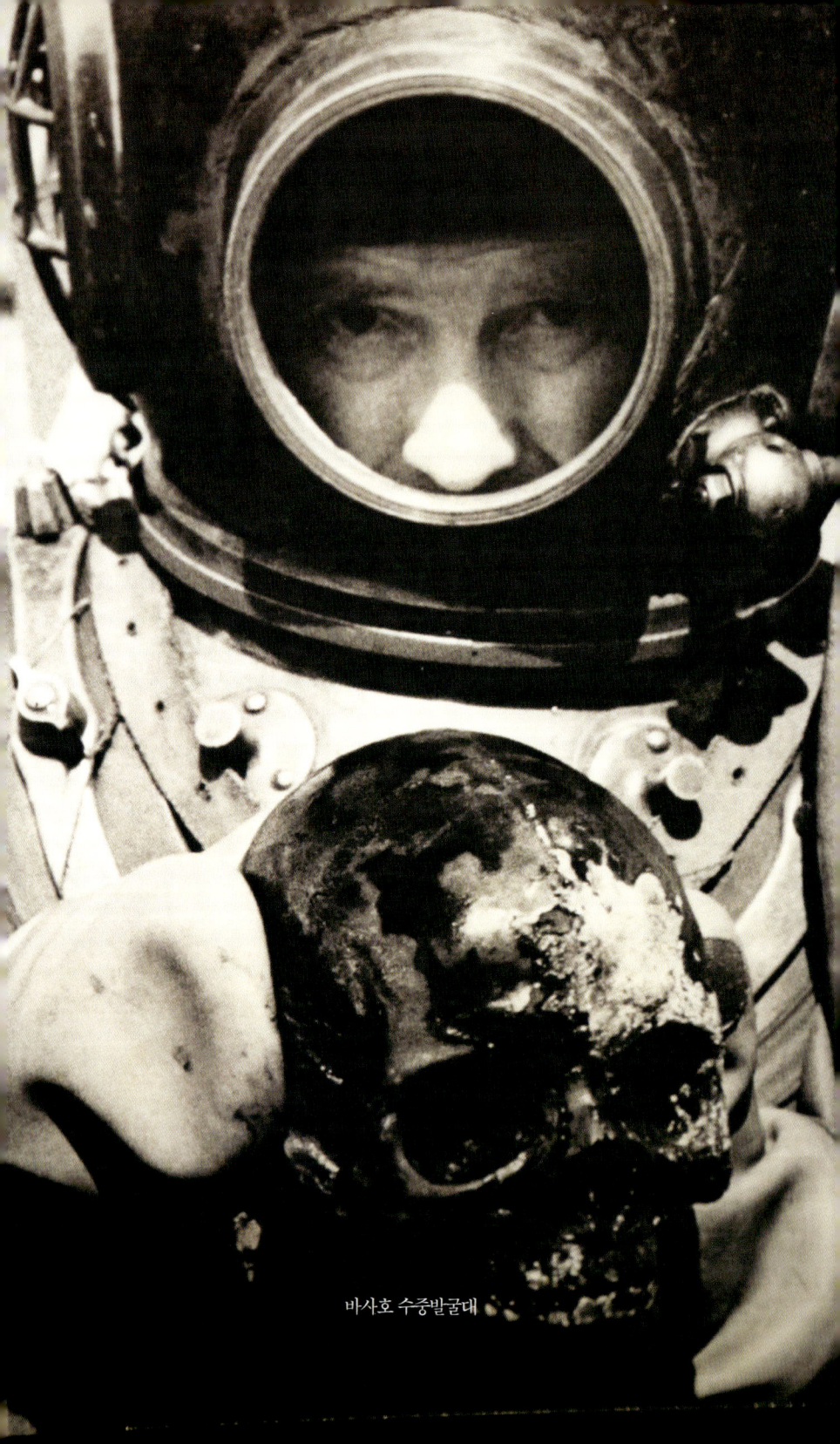

바사호 수중발굴대

많은 노력을 기울여 스웨덴식 관료주의를 탄생시켰다. 국왕은 영토를 확장하기 위해 해마다 두 척의 새로운 배를 건조했고, 남성 노동자를 모집해 해군 마당으로 모이게 했다. 1620년대에 해군 마당은 계약을 맺은 사설 기업가에 의해 운영됐다. 네덜란드의 선박 장인인 헨릭 히베르트손과 그의 파트너, 아렌트 더 그루터 상인은 1626년부터 계약을 맺었다. 현금 지불을 위해 그들은 해군 신박을 수리, 유지, 보수하고 새로운 선박을 건조해야 했다. 원료 공급, 목재와 타르와 철을 배로 바꿀 수 있는 장인을 모집하는 것은 그들에게 달렸다. 날씨가 추워지기 전까지 300명이 넘는 사람이 해군 마당에서 일했다. 대부분 스웨덴과 핀란드에서 모집된 연중 고용인이었지만, 덴마크와 발트해 연안 국가의 이주자도 많았다. 나머지는 주로 네덜란드와 독일에서 온 계절 노동자였다. 해군 마당에서 각국의 노동자가 일하는 모습은 스웨덴의 초기 조선산업에서 전형적인 현상이었다.[7]

발트해에서 건조된 가장 강력한 군함인 바사가 많은 사람이 지켜보는 가운데 스톡홀름 항구를 떠난 것은 1628년 8월 10일이었다. 부두에는 강력한 '전쟁 기계'가 출항하는 것을 보고 싶어 하는 사람들을 태운 작은 배로 가득했다. 마침 그날은 일요일이었고 많은 사람이 작별을 고했다. 하지만 놀라운 일이 일어났다. 부두를 떠난 지 얼마 안 돼 바사호가 돌연 돌풍에 휘감기면서 항구 쪽으로 밀려갔고 곧바로 가라앉기 시작했다. 겨우 몇 분 만에 배는 32미터 깊이의

바닷속으로 가라앉았다. 돛대가 해수면 위에 보였고, 많은 사람이 돛대를 움켜쥐고 있었다. 승무원과 손님 30명이 죽었다. 대부분 배 안에 갇혀 사망했다. 왜 그런 일이 일어난 것일까? 잘못된 디자인 때문이었다. 디자이너 히베르트손은 수많은 함선을 디자인한 경험 많은 선박 장인이었지만, 바사는 크기와 군비 면에서 새로운 것이었다. 대규모 전함인 바사는 처음 사용할 때부터 불안정했다. 문제는 신체의 상부가 너무 크고 화력을 높이기 위해 배치한 대포로 인해 무게중심이 높아졌다는 데 있었다. 배는 빨리 만들었지만, 무게중심이 높아진 탓에 가벼운 바람조차 견디지 못했다. 사실 배가 출항하기 전에도 일부 의심하는 사람이 있었.
배가 침몰한 이튿날 국가평의위원회는 책임 당사자를 찾기 시작했다. 하지만 누구도 처벌되지 않았다. 위원회는 딜레마에 직면했다. 누군가 책임을 지기는 해야 하는데, 왕의 이름을 더럽힐 수는 없고 또 전쟁에 필요한 사람도 제거할 수 없었다. 결국 아무도 공식적으로 비난받지 않았고 처벌되지 않았다. 오히려 심문받은 사람이 모두 승진하는 결과가 나왔다.
그로부터 333년 후 선박 역사가와 잠수부의 보고에 힘입어 바사호 수중 발굴을 위한 연합체가 구축됐다. 수중 발굴을 위해서는 잠수는 물론 구조에서 보전에 이르기까지 다양한 종류의 전문 기술이 필요했다. 17세기 초의 역사적·고고학적 지식도 필요했고, 무엇보다 돈과 인력, 중장비가 필요했다. 해군과 해난 구조 회사, 잠수부, 엔지니어, 고고학자, 역사학자

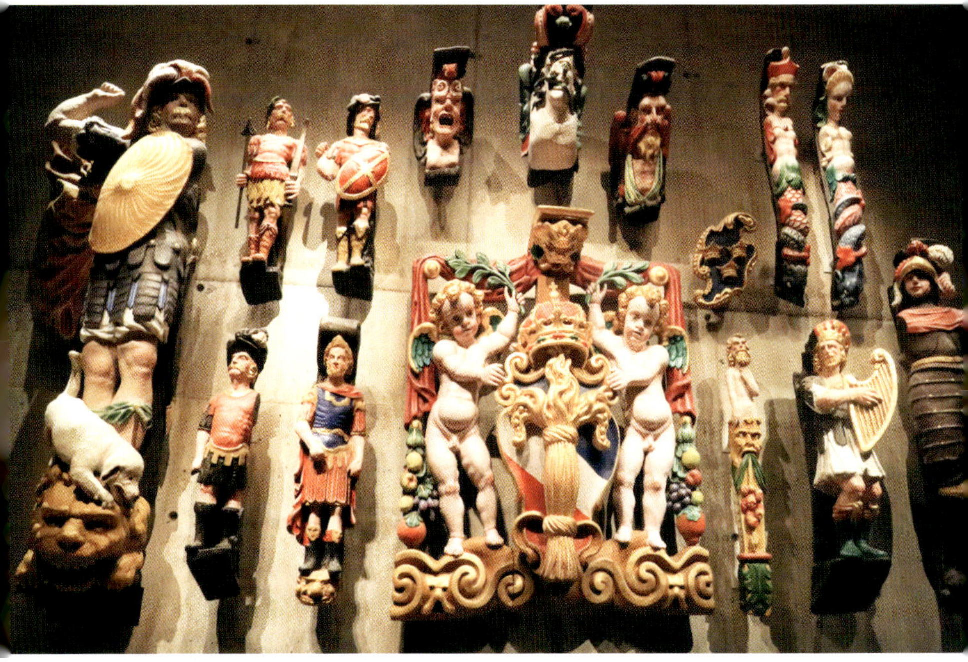

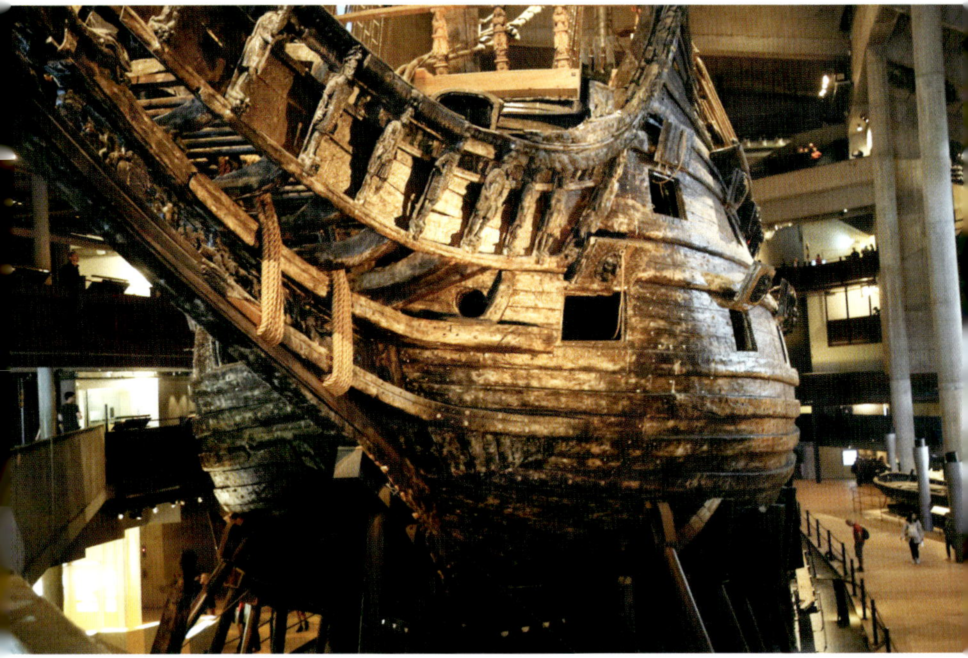

등 스웨덴의 해양력이 총 집결했다. 1957~1959년에 해군 잠수함은 바사호 밑에 여섯 개의 굴을 파고 그곳을 거쳐 강철 케이블로 배를 결박했다. 잠수부가 배의 물을 빼기 시작했고 온갖 수중 노력이 더해졌다.[8]

1959년 8월 20일 마침내 초기 상승 준비를 마쳤다. 그러고도 오랜 과정과 시간이 흘렀다. 마침내 1961년 4월 24일 수천 명이 해안으로 몰려든 가운데 인양 작업이 시작됐다. 스웨덴의 텔레비전은 이 과정을 모든 유럽에 생방송으로 전달했다. 발굴은 5개월 동안 계속됐고, 3만 점 이상의 발굴품이 쏟아져 나왔다. 학자들은 엄청난 시간의 압박 속에서 작업을 계속했다. 배의 안전을 책임진 엔지니어는 오래된 구조가 버텨내는 힘과 보존 상태를 고민했다. 1963년부터 1967년까지 잠수부는 수중을 조사하여 수천 점을 회수했다.

1981년 바사호를 박물관으로 재탄생시키기 위한 건축가 선정 공모가 진행됐다. 선정된 건축가는 스웨덴의 마리아네 달베크와 괴란 몬손이다. 1988년 12월 바사는 마지막 항해를 시작했다. 배는 이제 물이 가득 찬 독에 정박됐다. 천천히 물이 배수됐고 보호 셀이 제거됐다. 1989년 여름 당시 여전히 재건축 중인 박물관이 문을 열었다. 약 25만 명이 이 배를 볼 수 있었고, 1990년 6월 15일 정식으로 박물관을 개관한 이후 전 세계의 수백만 방문객이 이곳을 찾았다.

해양박물관 2. 국립해양역사박물관

전망탑이 있는 외스테르말름 지구 에르데트 구역에 있다. 박물관 마당에서 보면 유르고르스브룬스비켄만(灣)의 탁 트인 전망이 시원스럽게 다가온다. 건물은 1933~1936년에 지어졌는데, 신고전주의 양식 디자인에서 영감을 얻었다. 부드럽게 곡선을 이룬 우아한 모습이다. 구스타비안(구스타브 3세 시대의 대표적 작가와 예술가를 지칭함)의 영향을 받은 건축가 랑나르 외스트베리가 고전 양식으로 설계했다. 그러나 밝고 단순하며 선명한 분위기로, 기능주의의 한 단면을 보여준다. 박물관의 널찍한 바닷가 야외 공간에서는 해마다 콘서트가 열린다. 박물관 바깥에는 제2차 세계대전 중 사망한 스웨덴 선원을 기념하는 동상이 서 있으며, 19세기에서 20세기 초반에 사용하던 각종 대포가 전시돼 있다.

해양역사관은 상선 역사, 해군 역사, 해양고고학, 선원의 일상 등을 다룬다. 약 90만 장의 사진과 5만 점의 유물 그리고 4만 5000점의 그림이 있으며, 모두 과거와 현재의 바다·해안·선박과 관련된 것이다. 또 2000개가 넘는 선박 모델을 보유하고 있으며, 컬렉션의 범주는 사진·그림·기록·책·지도·선원의 스케치 등을 포괄한다. 이곳의 유물은 스웨덴 해군기지에 수세기 동안 보관됐던 것이다. 선박의 앞머리를 장식하는 피겨헤드 조각이라든가 구스타브 3세의 스쿠너 요트 등이 그것이다. 유물은 다양하지만 늘 초점은 상선과 해군, 즉 해상무역과 해상전쟁의

국립해양역사박물관 앞뜰에 놓여진 19세기 등대

역사에 맞춰졌는데, 2017년 여름에는 스웨덴 상선의 중국 등 아시아 교역에 초점을 맞추어 특별전을 열었다. 차와 도자기를 수입하기 위해 중국에까지 진출했던 상선의 역사를 지도와 유물, 수입·수출 물품과 인물 중심으로 설명했다.
해양고고학, 즉 난파선이나 기타 잔존물을 찾아 연구하는 작업은 바사 박물관과 더불어 오랫동안 심혈을 기울여온 부분이다. 국립해양박물관으로서 스웨덴 전역에서 발견되는

중앙 전시실의 선박 모형

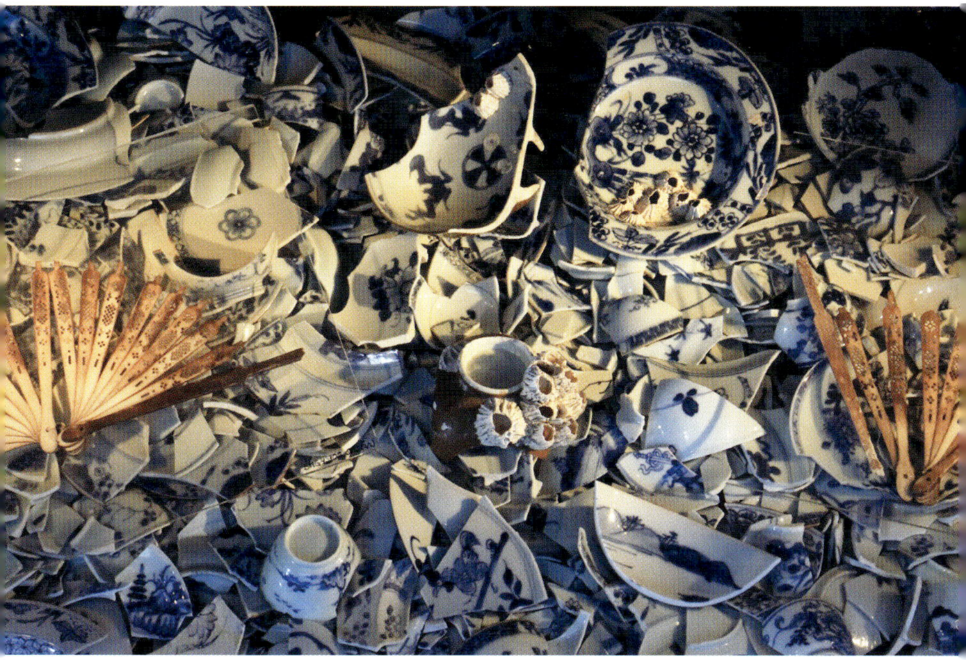

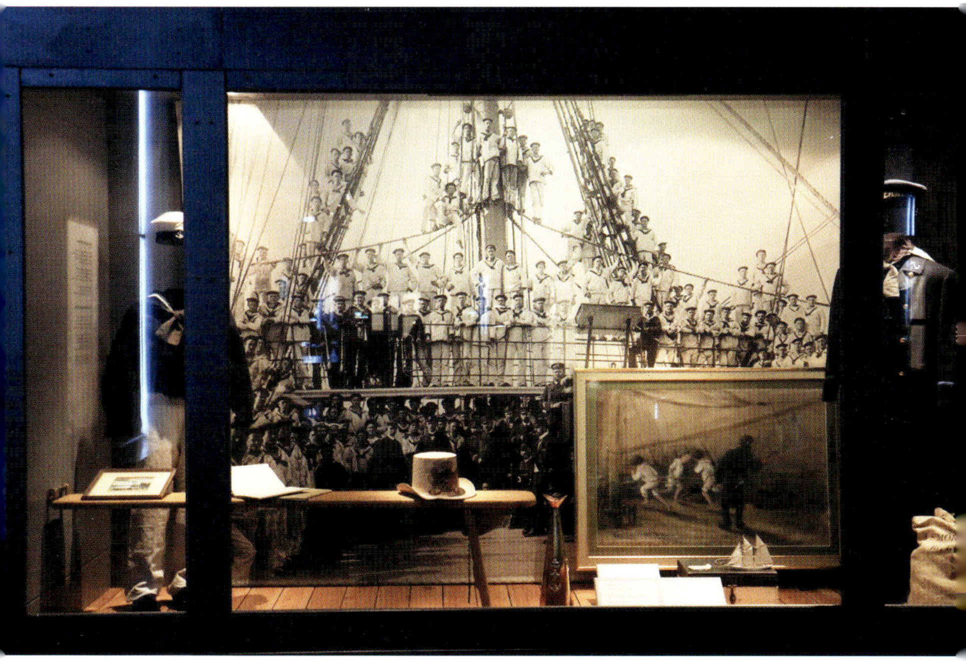

유물에 대한 자문에도 응하고 있다. 스웨덴은 긴 해안과 많은 호수, 강, 해협 등으로 인해 선박, 등대, 항구, 조선소 같은 해양 유산이 많다. 수중 발굴된 바사는 그 좋은 예 가운데 하나일 뿐이다.

해양박물관 3. 말뫼 해양 및 기술박물관
한때 덴마크령이었던 말뫼는 오늘날 스웨덴 영토로, 외레순 해협을 사이에 두고 코펜하겐과 마주 본다. 말뫼가 역사적으로 공식 문헌에 등장한 시점은 1170년 무렵이다. 애초에 북쪽 말뫼에 촌락이 형성되다가 전통적으로 어업이 강했던 남쪽 말뫼로 도시의 중심이 옮겨갔다. 14세기 후반에 청어 교역으로 독일의 뤼베크 상인이 몰려들어 이곳에 정착했다. 1658년 스웨덴과 연합한 뒤 경제 침체를 겪었다. 덴마크가 다스리는 동안 누렸던 일부 무역 특권이 상실됐고, 스웨덴과 덴마크 사이에 벌어진 많은 전쟁, 형편없는 항만 시설이 경제 쇠퇴를 초래한 요인이었다. 1730년 말뫼 인구는 282명으로 줄어들었다. 1775년 항만을 건설하면서 경제가 어느 정도 회복됐지만, 1800년 이후 철도가 들어오기 전까지는 대규모 경제발전을 이루지 못했다. 19세기 중엽 이후 산업과 운송의 중심지가 됐다.
역사적 건물로는 16세기의 성과 지금은 박물관이 된 성채로 이루어진 말뫼후스와 발트 제국 초기 고딕 양식 건축물의 좋은 예인 14세기의 상트 페테르 교회가 있다. 15세기의 요새인

말뫼성(城)은 덴마크의 거점으로, 1436년 에리크 왕의 명으로
지어졌다. 1530년대에 덴마크의 크리스티안 3세에 의해
재건됐다. 도시의 서쪽을 보호하고 외레순 해협의 해운무역을
통제하기 위해서였다. 18세기부터 1909년까지는 감옥으로
쓰였고, 제1차 세계대전 당시에 집 없는 부랑자의 일시
거주지로 쓰이다가 서서히 건축 재생이 논의됐다.

여러 논의와 번복을 거쳐 1931년 16세기 번영기의 모습을
회복했으며, 이듬해인 1932년에 박물관 건립이 확정되어
수리를 거쳐 1937년 박물관으로 거듭났다. 노빌리티 홀은 공식
만찬 공간이며, 내빈실은 다양한 동전·무기·민족학 콘텐츠
등을 전시하는 공간으로 이용됐다. 성의 큰 방은 르네상스와
바로크 시대의 그림과 가구로 채워져서 16~17세기의 원형을
연상시킨다.[9]

말뫼 해양박물관은 해양 생태를 크게 강조한다. 추운 지방에서
열대의 맹그로브 숲을 재현하고, 산호초·거북·악어·해마
등의 보호를 강조한다. 박물관에서는 해양교육센터를
운영하여 야외 현장에서 어린이를 대상으로 교육을 진행한다.
말뫼 해양박물관에서 조금 떨어진 독립된 건물에 말뫼
기술박물관이 있는데, 해양박물관과 같은 기관이다. 선박과
항해, 등명기와 등대 그리고 비행기와 자동차 등의 교통수단도
같이 전시한다. 마당에는 퇴역 잠수함 한 척이 놓여 있다.

15세기 말뫼성. 한때는 감옥이었으며
현재는 말뫼해양박물관 등으로 재활용하고 있다

러시아
상트페테르부르크의
중앙해군박물관

상트페테르부르크는 발트함대, 아니 러시아 전체 해양력의 중심이다. 이곳의 해양박물관은 대체로 해군력에 초점을 맞춘다. 중앙해군박물관이라는 명칭에서 보듯 해군력이 중심이다. 중앙해군박물관은 러시아 해군의 발전, 성장과 업적에 대한 매혹적인 이야기를 전해준다. 총 80만 점이 넘는 전시물을 소장했으며, 여러 소속 박물관을 거느리고 있다.

러시아혁명 100주년을 기념하는 특별전시실

중앙 전시실

중앙해군박물관의 자부심은 '러시아 해군의 할아버지'로 알려진 표트르 대제의 동상에서부터 출발한다. 전시장은 거대한 유리장에 들어찬 선박 모형과 천장에 내걸린 함대 깃발, 특히 노획한 적선의 함대 깃발이 눈에 띈다. 장교와 일반 선원의 제복과 소지품, 기록과 무기, 항로일지, 나침반 등의 항해 도구, 잠수함 모형 등 해군 생활의 모든 것이 전시된다. 상설 전시가 해양제국 러시아의 강력한 힘을 과시하는 것이라면, 러시아 해양력의 모든 것을 망라하는 전시는 특별전 형태로 열린다.

박물관 브랜치 1. 순양함 아브로라

1903년 러시아제국 해군에 합류한 크루저로, 세 차례 전쟁에 참가했다. 1917년 2월부터 10월까지 혁명 사건에 적극 참여했으며, 여러 세대의 해군 장교를 훈련하는 '대장간'이었다. 아브로라는 1905년 5월 14~15일 쓰시마 전투, 즉 러일전쟁에 참여하여 살아남은 배이기도 하다. 1956년 7월 5일 해군사령관의 지시에 따라 중앙해군박물관 지부로 편입됐다.

박물관 브랜치 2. 크론시타트 해군 성당

1903~1913년 러시아 해군의 주요 정교회로 지어졌다. 대성당은 1929년에 문을 닫았고 영화관으로 쓰이다가 임원회(1939) 건물을 거쳐서 해군박물관(1980)으로 편입됐다.

박물관 브랜치 3. 잠수함 D-2 나로도볼례츠 복합기념관

데카브리스트급 잠수함의 첫 번째 시리즈의 주요 설계자는 보리스 미하일로비치 말리닌이었다. 그는 1917년 혁명 이전에 잠수함 건설에 직접 참여한 소수의 엔지니어 중 한 사람이었다. 경험과 이론을 바탕으로 말리닌은 디자이너 그룹과 함께 최초의 소련 잠수함 건설을 도모했다. 1927년 3월 5일 레닌그라드 발틱 조선소에서 처음으로 세 대의 잠수함이 엄숙하게 진수됐다.

박물관 브랜치 4. 도로가 지즈니 박물관

도로가 지즈니는 '삶의 길'을 뜻하며, 1972년 9월 12일 문을 열었다. 컬렉션은 위대한 애국 전쟁에서 수년간 상트페테르부르크의 수호자로서 활약한 드러나지 않은 영웅에 대해 알려준다. 당시의 많은 깃발과 각종 총기, 선박 모형, 비행기와 자동차 모형, 문서, 사진과 개인 소지품, 인간적인 이야기, 용감한 행위 등이 전시된다.

박물관 브랜치 5. 발트함대박물관

발트함대박물관은 발트함대의 본거지인 탈린에서 상트페테르부르크로 1992년에 옮겨왔다. 수집품은 사진, 문서, 수상 핀, 선박과 무기 모델, 미술 작품, 유니폼 등 2만 종이 넘는다. 박물관 도서관에는 1만 2000권 이상의 도서, 잡지, 신문이 소장되어 있다.

박물관 브랜치 6. 순양함 미하일 쿠투조프

미하일 쿠투조프는 프로젝트 68의 열두 번째 선박이다. 니콜라예프 조선소에서 1951~1954년에 진수되어 발트함대에 투입됐다. 지중해와 흑해뿐 아니라 1998년에 퇴역할 때까지 대서양을 누볐다. 공식적으로 1967년과 1973년 아랍-이스라엘 전쟁에서 두 차례의 무력 충돌에 참여했다. 이집트에서는 소련 군사고문의 지휘로 알렉산드리아 항구에 있었다.

신화,
도자기 그리고
청어

3

서리와
불의 노래,
북유럽 신화
읽기

전사 신의 세계, 아스가르드
로키와 세 명의 괴물 자식
바다 거인 아에기르의 가마솥

닐 게이먼이 새로 쓴《북유럽 신화》의 2017년 한국판에는 "세상에서 가장 아름답고 매혹적인 이야기"라는 찬사가 붙어 있다. 그러나 북유럽 신화는 어쩌면 '세상에서 가장 잔혹하고 어두운 이야기'가 아닐까. 불과 서리의 세계가 대치하고 신과 거인과 난쟁이가 자신의 세계를 지키기 위해 싸우고 죽이며 서로 중상모략과 배신을 서슴지 않는다. 그리하여 종국에는 모든 세계가 끔찍한 전투를 치르다 몰락하고 만다.

전사 신의 세계, 아스가르드

전 세계적으로 열풍을 불러일으킨 북유럽 신화의 대부분은《에다(Edda)》라 불리는 13세기 아이슬란드의 문헌에 근거한 이야기다.《에다》는 두 편으로 이루어지는데, 현자로 알려진 신비의 인물 사이뮌트르가 편찬했다고 하는 〈운문 에다〉와 시인이자 전

윌리엄 게르솜 콜링우드가 그린 〈운문 에다〉 영어판 표지, 1908

사였던 스노리 스툴루손에 의해 쓰인 〈산문 에다〉다. '에다'는 '위대한 할머니'라는 뜻의 아이슬란드 고어다.¹ 고대 태모신의 사제였던 무녀의 노래라는 의미다.《에다》가 간행된 시기는 스칸디나비아가 그리스도교화된 이후다. 그 때문인지 한때 이 지역에서 섬김의 대상이었던 여러 신은 그 빛을 잃은 채 장엄하게 몰락한 시대의 희미한 흔적으로만 남았다.

《에다》가 그리는 신의 세계는 이러하다. 태초에 세계는 서리와 안개로 뒤덮여 아무것도 보이지 않는 북쪽과 무서운 열기를 뿜어내는 남쪽만이 있었다. 이 두 공간 사이에는 끝을 알 수 없는 심연이 펼쳐져 있었다. 어느 날 남쪽의 열기가 북쪽의 얼음을 녹이기 시작했다. 그리고 그 속에서 거인 이미르와 거대한 암소 아우둠라가 생겨났다. 아우둠라가 얼음을 핥자 그 속에서 또 다른 거인 부리가 태어났다. 부리는 혼자 뵈르를 낳았고, 뵈르는 다시 세 아들을 낳았다. 부리는 아버지, 뵈르는 아들이란 뜻이다. 세 아들 중 맏아들인 오딘은 거인 이미르를 죽여 서리와 불의 공간 사이에 있던 깊은 심연을 메웠다. 죽은 이미르의 몸은 땅과 산맥과 바위가 됐고, 그 몸에서 흘러나온 피는 바다가 됐다. 태초의 암소 아우둠라는 이 피의 바다에 빠져 죽는다.

오딘은 이미르의 두개골을 들어 올려 하늘로 삼고 그 아래에 신의 영토인 아스가르드를 창조했다. 아스가르드 아래에는 인간이 사는 중간계 미드가르드를 세우고, 그 두 세계 사이에 무지개다리를 놓았다. 죽은 자는 신의 나라 저편에 자리한 발할라 궁전으로 가거나 미드가르드 아래에 있는 헬헤임으로 내려갔

영원을 사는 물푸레나무, 위그드라실.
프리드리히 하이네, 1886

다. 발할라는 영예롭게 싸우다 죽은 전사가 가는 곳이다. 아스가르드 바깥에는 거인이 사는 요툰헤임, 빛의 요정이 사는 알프헤임, 평야의 신인 바니르 신족이 사는 바나헤임 그리고 안개의 땅 니플헤임, 난쟁이가 사는 어두운 동굴 니다벨리르 등이 있다. 이 모든 장소는 영원의 나무인 위그드라실로 이어진다.

위그드라실은 과거, 현재, 미래의 모든 시간과 세상의 모든 장소를 연결하는 나무다. 세상의 모든 것이 사라진 후에도 살아남는다는 영원의 나무다. 오딘은 이 나무뿌리 아래로 흐르는 지혜의 샘물을 마시고 세상의 창조와 소멸의 비밀을 알게 된다. 그는 이 샘물을 마시는 대가로 한쪽 눈을 샘물지기 거인 이미르에게 바쳤다. 그리고 아흐레 밤낮을 나무에 매달려 있었다. 생사를 헤매던 오딘의 눈에 세상의 비밀을 담은 룬 문자가 보였다. 그리고 앞으로 도래할 최후의 시간 라그나뢰크(세상의 마지막 전투, 신과 인간 세계의 종말을 뜻함)의 장면이 펼쳐졌다. 라그나뢰크는 '신들의 황혼'이란 뜻이다. 그는 도래할 몰락의 시간에 대비하기 위해 검은 망토에 몸을 숨긴 채 세상을 떠돌아다녔다. 그가 신의 왕좌에 앉아 있을 때면 후긴과 무닌이라는 이름의 까마귀가 세상 곳곳을 돌아다니며 본 것을 전해준다. 후긴과 무닌은 '생각'과 '기억'이라는 뜻이다.

아스가르드에는 천둥과 번개의 신 토르, 풍요의 신 프레이, 불과 바람의 신 로키, 아름다움의 여신 프레이야, 지혜의 여신 프리그 등 여러 신이 살고 있다. 이들 중 프레이와 프레이야는 남매 신으로서 오딘, 토르, 로키 등의 신과는 다른 계보에서 왔다. 《에다》의 신은 호전적인 아시르 신족과 온순한 바니르 신족으로 나뉜다. 《에다》의 중심은 아시르 신족이지만 아마도 북유럽에 더 일찍 자리 잡은 신은 바니르 신족이었던 것 같다.[2] 프레이와 프레이야의 이름에서 드러나듯이 이들은 초기 청동기시대 신화에서 나타나곤 하는 남매혼의 흔적을 담고 있다. 바니르 신족은 전투보다는 농사에 기반을 둔 풍요의 신이다. 아시르 신족은 이들이 지나치게 사치스럽다고 비난하곤 한다.

　서로 멀리 떨어져 살던 두 신족은 바니르 신족의 여신 굴베이그가 아스가르드로 찾아오면서 부딪친다. 굴베이그는 '황금을 들이키는' 또는 '황금에 취한'이라는 뜻이다. 굴베이그의 방문은 호전적인 전투와 약탈을 일삼던 아시르 신족이 농업과 정착을 위주로 하는 바니르 신족과 만나는 사건을 암시한다.[3] 아시르 신족은 굴베이그를 보자 죽이려고 했다. 그러나 그녀는 창으로 찌르고 불에 태워도 죽지 않았다. 잉여와 축적에서 생겨나는 부에 대한 욕망은 무엇으로도 사라지게 할 수 없었던 모양이다.

　바니르 신족은 아시르 신족의 무례함에 분노했고, 이 일을 계기로 두 신족은 기나긴 전쟁을 치른다. 승패가 나지 않자 오딘이 나서서 두 신족 간에 신을 교환할 것을 제안하여 마침내 화해하게 된다. 바야흐로 교환과 계약의 시대가 온 것이다. 이때 아시르 신족으로 오게 된 신이 프레이와 프레이야다. 아시르 신족은 그 대가로 위그드라실의 샘물지기 이미르를 넘겨준다. 바니르 신족은 이 계약이 불공정하다고 여겼다. 불쾌해진 바니르 신족은 이미르의 머리를 베어 오딘에게 되돌려 보냈다. 잘린 이미르의 머리는 오딘에게 계속 지혜를 전했다고 한다.

로키와 세 명의 괴물 자식

신과 거인, 인간과 난쟁이로 이루어진 복잡한 이 세계에 늘 문제를 만들어내는 신이 있다. 불과 바람의 신 로키다. 로키는 북유럽 신화뿐 아니라 모든 신화를 통틀어 가장 이상스럽고 파악하기 힘든 캐릭터다. 로키는 장난 삼아 토르의 아내인 시프의 아름다운 머리카락을 없애버리고, 아스가르드에서 가장 아름다운 남신 발드르를 죽게 만들게도 한다. 그런가 하면 화난 시프와 그녀의 남편 토르를 달래기 위해 난쟁이를 동원해 신들이 반할 만한 보물을 만들게 한다. 아홉 벌씩 수가 불어나는 마법의 팔찌 드라우프니르, 무엇이든 명중시키고 항상 주인에게 돌아오는 마법의 망치 묠니르, 크기를 마음대로 늘렸다 줄였다 할 수 있는 마법의 배 스키드블라

결박당한 로키,
커크비 스테판 스톤, 컴브리아,
게리 밀러 촬영

낚시 그물을 들고 있는 로키, 〈에다〉, 아이슬랜드 필사본, 18세기

드니르 등은 모두 신들의 힘을 강화하는 도구다. 마법의 팔찌는 프레이아에게, 망치는 토르에게 넘어갔고, 배는 로키 스스로 가졌다. 그는 변신에도 능해서 때로는 암말, 연어, 파리로 변하며, 여자로도 변한다.

로키는 문제를 만들기도, 해결하기도 하는 신이다. 그러나 종국에는 신의 분노와 미움을 사게 되고 라그나뢰크를 불러들이는 데 중요한 역할을 하게 된다. 로키는 인류에게 문명을 가져오는 의식의 불을 상징한다. 인류의 깨어난 의식은 불처럼 음식을 익히고 금속을 제련하여 세상을 도구로 바꾸고 문명을 일구기도 하지만, 그 뒤에는 로키의 성격처럼 사악한 면도 있다. 그리스의 프로메테우스가 인간에게 불을 가져다준 대가로 바위에 매달려 간을 쪼아 먹히는 벌을 받듯이, 인간에게 주어진 의식의 불은 양가감정을 지닌다. 불은 쾌락과 고통을 함께 가져다준다. 로키로 상징되는 의식의 불은 문명을 건설하게 하지만, 종국에는 그 문명을 파멸로 이끌기도 한다.

로키는 여성 거인 앙그르보다와의 사이에서 세 명의 괴물 자식을 낳았다. 앙그르보다는 쇠로 된 숲에 사는 여인이다. 이 둘 사이에서 강철과 같은 힘을 지닌 늑대 펜리르, 자기 꼬리를 먹는 거대한 뱀 이외르문간드, 반쪽 얼굴은 아름답지만 나머지 반쪽은 썩어 들어가는 딸 헬이 태어났다. 이들은 로키처럼 자연이 지닌 원초적 야성과 모순을 담은 존재다. 이들은 이상하고 낯설고 두렵지만 악한 존재는 아니었다. 그러나 신들은 이들을 두려워해 묶고 가두고 멀리 쫓아버리기를 원했다.

미드가르드의 뱀과 싸우는 토르, 요한 하인리히 푸질리, 1790

오딘은 헬을 땅속으로 보내 저승을 다스리게 했고, 괴물 뱀 이외르문간드는 미드가르드를 둘러싼 바닷속에 집어던졌다. 늑대 펜리르는 아무도 끊을 수 없는 마법의 그물로 꽁꽁 묶어 가둬 버렸다. 그러나 이들은 라그나뢰크가 오면 다시 풀려나 신들을 죽이고 세상을 집어삼키게 된다. 세상의 마지막 날이 되면 펜리르는 오딘을 죽이고 오딘의 아들 손에 죽는다. 이외르문간드는 토르에게 죽임을 당하지만, 토르는 아홉 발자국을 넘지 못하고 이외르문간드의 독에 숨을 거둔다.

미드가르드를 둘러싼 바다에 빠진 이외르문간드는 전형적인 우주 뱀을 상징한다. 자신의 꼬리를 문 뱀의 형상은 시간의 영원성, 존재의 자기소멸과 재생을 나타내는 보편적 신화소다. 시간은 꼬리를 물고 도는 뱀처럼 순환적이며, 그 영원한 시간의 소용돌이 속에서 생명이 태어나고 죽는다. 탄생과 소멸이 꼬리를 물고 이어지는 이 세계 속에서 먹는 자와 먹히는 자, 태어나는 자와 사라지는 자는 하나로 엮인다.

이외르문간드의 여동생인 헬의 얼굴 역시 생명의 이중성과 모순을 드러낸다. 살아 있는 것은 죽어가는 일이다. 한쪽에서 보면 생생하게 살아나는 듯 보이지만, 다른 쪽에서 보면 죽어가고 있다. 거대한 시간의 흐름 속에서 일어나는 생성과 소멸의 드라마에서 벗어날 수 있는 존재는 아무도 없다. 하늘에서 빛나는 해와 달도 늑대가 양을 삼키듯 언젠가는 사라질 것이고, 신이 호령하던 아스가르드와 아홉 세계 역시 황혼녘이 되면 종언을 고할 것이다. 그 최후의 날을 《에다》는 이렇게 묘사한다.

로키의 징벌, 루이스 휴워드,
〈아스가르드의 영웅들: 스칸디나비아 신화집〉의 삽화, 1900

흐림(Hrym)⁴이 동쪽에서 와 방패를 높이 든다.
이외르문간드가 엄청난 분노로 요동을 칠 것이다.
그 뱀이 파도를 일으키고, 독수리가 울부짖는다.

초승달 창백한 빛의 검이 죽은 이의 몸을 찢을 것이다.
나글파르(Naglfar)⁵가 출항한다. 배 한 척 동쪽에서 오는데,
무스펠(Muspel)⁶ 사람들이 바다를 건너오니 로키가 선장이로구나.⁷

바다 거인 아에기르의 가마솥

《에다》는 고대 바이킹족의 상상에서 탄생한 이야기지만, 그들이 한때 주름잡았던 바다에 대한 이야기는 그리 많지 않다. 프레이와 프레이야의 아버지인 바니르 신족의 뇨르드가 산의 여신 스카디와 결혼했지만 스카디의 변심으로 오래가지 않아 헤어지게 됐다는 이야기 정도의 가벼운 에피소드가 대부분이다. 《에다》의 주신은 바다의 신이라기보다는 안개와 서리로 가득한 북쪽 땅을 주름잡던 전사의 신 오딘이다. 지중해에서 태어난 그리스 신화가 세상을 하늘과 땅과 바다로 나눠 세 주신을 배치했던 것과 달리, 북유럽 신화에서 바다의 신은 그저 미미한 존재감을 가질 뿐이다.

《에다》가 향하는 대단원의 목적지는 라그나뢰크다. 이 사건과 연관된 바다의 신은 바다 거인 아에기르다. 아에기르의 형제로

거대한 바다뱀 이외르문간드를 낚는 토르,
아이슬란드 필사본, 덴마크 왕립 도서관, 18세기

는 로기(불)와 카리(바람)가 있고 바다의 여신 란과의 사이에서 낳은 아홉 딸이 있다. 아홉 딸은 다음과 같은 이름으로 불린다. 물결, 파도, 큰 파도, 치솟는 파도, 가라앉는 물결, 하늘의 빛을 비추는 물결, 집어삼키는 파도, 싸늘한 파도, 피처럼 붉은 머리칼.

아에기르는 아스가르드의 신과 사이가 좋았다. 어느 날 신들이 아에기르의 궁전에서 잔치를 열자고 했다. 아에기르는 여러 신을 위해 술을 빚으려면 거기에 합당한 그릇이 있어야 한다며 손사래를 쳤다. 그러자 토르가 나섰다. 히미르라는 거인이 가지고 있는 거대한 가마솥을 가져오기로 한 것이다. 히미르를 만난 토르는 함께 낚시하러 바다로 가자고 했다. 토르는 히미르가 키우는 거대한 황소의 머리를 잘라 낚싯밥을 삼았다. 그런데 소의 머리를 문 것은 다름 아닌 이외르문간드였다. 수면 위로 떠오른 이외르문간드는 이들을 향해 독을 내뿜었다. 토르는 망치 묠니르로 이외르문간드의 머리를 내리쳤다. 거대한 뱀은 바닷속으로 다시 자취를 감추었고 주변의 암벽은 무너져 절벽이 됐다.

이날의 사건으로 토르에게 기가 죽은 거인은 그날 밤 강철 술병을 깨는 내기를 제안한다. 토르에 의해 이리저리 내던져져 거인의 성의 기둥과 벽을 깨부순 강철 술병은 히미르의 머리에 부딪혀 그 자리에서 박살이 난다. 이 일로 엄청난 크기의 가마솥이 토르의 소유가 된다. 아에기르는 이 거대한 솥에 에일 맥주를 담아 연회에 내놓았다. 그런데 아에기르가 차린 이 만찬 자리에서 술에 잔뜩 취한 로키가 참석한 모든 신을 모욕하는 사건이 벌어졌다. 로키가 자신만이 알고 있는 신의 뒷면을 만천하에 폭로하고 조롱한 것이다. 누구든 숨기고 싶은 어두운 비밀이 있기 마련이다. 로키는 그 자리에 모인 모든 신의 감춰진 수치심을 하나씩 들춰내 빈정댄다. 이 일로 모든 신과 로키는 적이 됐다. 로키는 신들에게 사로잡혀 기둥에 묶인 다음 꼭대기의 뱀이 흘리는 독액을 맞아야 하는 무시무시한 형벌을 받게 된다.

가마솥이나 술은 모두 변형의 의미를 내포한 신화소다. 켈트 신화의 여신 케리드웬은 마법의 약을 끓이는 거대한 가마솥에서 세상을 창조했고, 그리스 신화에서 달의 여신의 사제였던 메데이아는 늙은 양을 어린 양으로 바꾸는 마법의 가마솥을 가지고 있었다. 북유럽의 신이 들이  킨 에일 맥주가 담긴 거대한 가마솥은 신에게 기쁨과 쾌락을 가져다주기도 하지만 역설적으로 쓰디쓴 기억과 분노를 가져다주기도 한다. 변형은 이렇게 일어난다. 거인을 죽이고 그들의 보물을 빼앗았던 전사 신은 이 변형의 가마솥에서 이제 죽음을 맞이할 준비를 해야 한다.

바다 거인 아에기르의 궁전에서 열린 화려한 연회에서 빗장이 풀린 로키의 입은 그를 사로잡을 마법의 그물이 되어버린

토르의 낚시여행,
고스포드 스톤 탁본. 컴브리아.
핀누르 욘슨 촬영

다. 토르가 가마솥을 얻기 위해 바닷속에서 낚아 올린 이외르문간드는 황소 머리를 삼키며 똬리가 풀린다. 땅의 풍요를 상징하는 황소는 바다의 신에게 바치는 제물이었다. 옛 크레타의 왕 미노스는 포세이돈에게 바칠 황소를 빼돌리는 바람에 황소 괴물 자식을 얻게 된다. 미노스의 황소인 미노타우루스가 갇힌 장소는 똬리를 튼 뱀처럼 안으로 말린 땅속의 길 미궁이었다.

    태초의 암소 아우둠라를 받아먹은 이미르의 피로 이루어진 바다는 이제 토르가 던진 황소 머리로 인해 요동치며 풀려나 오래된 신의 세계를 삼킨다. 한때 세상을 호령하던 전사 신들의 세계는 바닷속에 가라앉고 또 다른 세상이 열린다. 우리의 시간은 신들의 황혼 후에 찾아온 새로운 아침일까, 아니면 또 다른 황혼으로 향하는 한낮의 시간일까? 《에다》는 새로 시작되는 세계를 이렇게 노래한다.

두 번째로 대지가 물에서 솟아오르고
다시금 초록빛을 띠는 것을 내가 보는구나.
조수가 빠지니 독수리가 날아다니며
암벽 위에서 물고기를 잡는구나.

이다 평원에서 아시르 신이 모여서
세계를 뒤흔든 위대한 자들을 이야기한다.
태곳적 격언을 그들이 기억해내니
오딘이 알아낸 룬 문자리라.[8]

발트해를 닮은
북유럽
도자기

핀란드와 스웨덴의 그릇
'스웨덴의 우아함', 뢰르스트란드 도자기
오븐용 식기를 처음 내놓은 구스타브스베리
덴마크 로열 코펜하겐의 블루
네덜란드 도자기, 북유럽을 천하통일하다

1992년에 창설된 발트해연안국협의회의 회원국을 보니 덴마크, 독일, 폴란드, 핀란드, 스웨덴, 노르웨이, 러시아, 리투아니아, 라트비아, 에스토니아, 아이슬란드 11개국이다. 이 중 리투아니아, 라트비아, 에스토니아, 이른바 발트삼국과 아이슬란드를 제외한 일곱 개 나라는 저마다 개성적인 도자문화를 갖고 있다.

핀란드와 스웨덴의 그릇

1710년 유럽에서는 처음으로 독일 마이센에서 경질 자기를 만드는 데 성공한 이후 이 하이테크 기술은 각국의 산업 스파이에 의해 유럽 전역으로 퍼져 나가게 된다. 그리하여 오스트리아가 1719년에 두 번째로, 스웨덴이 1726년에 세 번째로 도자기공장을 설립하는 성과를 올렸다.

한국에서는 독일의 마이센과 덴마크의 로열 코펜하겐이 위낙 유명하고 애호하는 사람도 많기 때문에 나머지 발트해 연안국의 도자기는 상대적으로 조명을 받지 못했던 것이 사실이다. 그런데 2007년 핀란드 헬싱키의 한 식당을 주요 무대로 하는 일본 영화 〈카모메 식당〉이 그 두꺼운 벽을 깨뜨렸다.

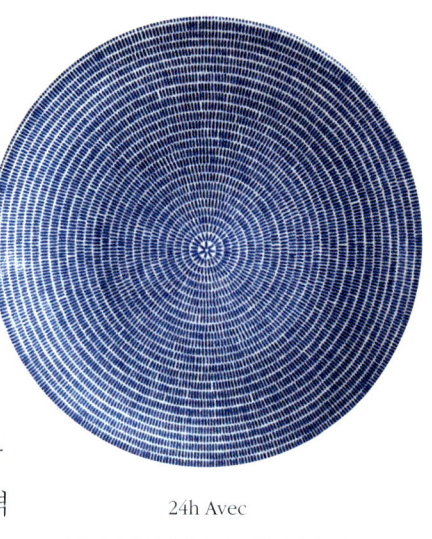

24h Avec

 〈카모메 식당〉은 주류 영화라기보다 이른바 독립영화에 가깝다. 국내 극장에서 개봉한 적도 없다. 그런데 영화광 사이에서 알음알음 소문이 퍼져 꽤 많은 사람이 이 영화를 보았고, 급기야 영화에 등장하는 핀란드산 그릇이 강남의 부유한 이들에게 인기 있는 품목이 되는 일이 벌어졌다. 그 그릇이 바로 아라비아 핀란드의 '24h 아베크' 시리즈다. 디자이너 카티 투오미넨과 니틸랴 크리스티나 리스카가 24h의 원형인 헤이키 오르볼라의 1996년 작품을 기본 형태로 2005년에 다시 디자인해 제작한 것이다. 이렇게 해서 대략 2010년대에는 한국에서도 핀란드와 스웨덴의 그릇이 제법 알려지기 시작한다.

 한 가지 재미있는 점은 이와 때를 맞춰 가구와 인테리어에서도 '북유럽 디자인'이라 불리는 스칸디나비아 디자인 열풍이 불었다는 사실이다. 이는 결국 스웨덴에서 시작되어 네덜란드에 본사를 둔 이케아의 2014년 국내 진출과 성공적인 정착으로 이어진다.

'스웨덴의 우아함', 뢰르스트란드 도자기

스웨덴에서는 1726년 스톡홀름에 뢰르스트란드 도자기 회사가 설립됐다. 프랑스의 샹티이가 1730년, 이탈리아의 카포디몬테가 1743년, 런던의 첼시가 1745년에 설립됐으니 스웨덴이 이들 나라보다 빠른 것은 참으로 놀라운 일이다. 이는 육로 못지않게 발트해를 통하는 해상 교역과 문화 전파가 매우 활발했다는 증거다.

    스웨덴에는 '피카(Fika)'라는 문화가 있다. 피카는 영어로 '애프터눈 티'다. 일에 지친 바쁜 일상의 오후에 잠시 짬을 내어 휴식을 취하며 커피나 차 등을 마시는 행위, 그게 바로 피카다. 피카 시간에 그들은 카넬불레라는 계피 빵을 주로 곁들여 먹는다.

    이처럼 차를 마시는 행위에 대한 고유 단어가 있을 정도로 스웨덴은 차 문화가 발달한 나라다. 이는 추위가 심한 북유럽 국가의 공통된 특징이다. 그러므로 동양 못지않게 찻잔을 비롯한 도자 문화가 발달했고, 추위에 얼어붙은 심신을 어루만져주는 도자 디자인에 대한 요구 역시 강하다.

    지금으로부터 291년 전에 요한 볼프라는 독일인이 만든 뢰르

mon amie

스트란드는 1857년 마침내 뼛가루를 절반 정도 섞어서 본차이나를 만드는 데 성공했다. 거대한 러시아 시장을 공략하기 위해 1874년에는 핀란드 헬싱키 외곽에 아라비아 공장을 만들었다. 그러니 지금 아라비아 핀란드 도자기는 그 역사가 뢰르스트란드에서 비롯된 것이다.

1895년이 되면서 뢰르스트란드는 매력적인 예술가와 디자이너를 영입하기 시작했는데, 유명한 아르누보 디자이너인 알프 발란데르도 그중의 한 명이었다. 파리 왕립 순수미술 아카데미에서 공부한 덕택이었는지 1900년에 열린 파리 만국박람회에서 뢰르스트란드의 작품은 국제적 명성을 얻기 시작했다. 발란데르는 스웨덴 아르누보 도자기에서 수십 년 동안 독보적인 존재로 군림했다.

1916년 뢰르스트란드는 헬싱키의 아라비아를 핀란드 사업가에게 매각하고 '뢰르스트란드의 위대한 어머니'라 불리는 예술가 루이세 아델보리를 영입한다. 그녀는 예순두 살이던 1957년까지 40년 동안 뢰르스트란드를 위해 일했다. 그녀의 가장 유명한 작품은 '밀 이삭 패턴'으로 오늘날까지 생산된다. 이는 2000년에 '스웨덴의 우아함(Swedish Grace)'으로 선정됐다.

이후 뢰르스트란드는 실비아 레우초비우스, 카를 하리 스톨하네, 마리아네 베스트만, 비르게르 카이피아넨, 헤르타 벵손 등 수많은 명장을 배출했다. 특히 베스트만은 18세에 뢰르스트란드에 들어온 이후 누구도 넘볼 수 없는 대접을 받아 '도자기 엄마'라는 별명으로 불렸다. 이 회사 최고의 히트작이라 할 수 있는 '몽 아미' 라인 등 그녀의 작품은 뢰르스트란드의 수익률을 무려 450퍼센트나 올려놓는 전설적인 실적을 기록했다. 이 라인은 1987년까지 생산됐는데, 소비자의 열화와 같은 복각 요청에 따라 2008년 이후 다시 만들고 있다.

그러나 현재 전 세계 어디에도 뢰르스트란드의 매장은 없다. 오직 이탈라 매장 한쪽에 하나의 브랜드로만 존재한다. 지난 2003년 핀란드 회사 이탈라가 뢰르스트란드를 흡수했기 때문이다.

오븐용 식기를 처음 내놓은 구스타브스베리

뢰르스트란드와 스웨덴 도자기의 양대 산맥으로 수많은 명품을 만들어냈던 구스타브스베리도 지금은 비슷한 운명이다. 구스타브스베리는 1640년경 마리아 소피아라는 여성이 남편 구스타브를 기리기 위해 세운 벽돌공장에서 출발한다. 이 벽돌공장은 무려 180여 년간 이어지다가 1821년 요한 헤르만 외만에게 넘어갔다. 그는 1825년 왕실로부터 도자기를 만들어도 좋다는 허가를 받았다.

1863년 스웨덴 국왕 카를 15세가 구스타브스베리 공장을 방문하는 '사건'이 일어났다. 국왕은 왕실에서 사용할 정찬용 식기류를 만들라고 했고, 이를 계기로 1864년 구스타브스베리는 스웨덴 최초의 '파인 본차이나' 정찬용 식기류를 만들었다. 이것이

스웨덴 오스카르 2세와 왕비 소피아 기념 도자기,
구스타브베리 박물관

곧 구스타브스베리를 특화하는 상품이 됐고, 북유럽에서 본차이나 제품이 널리 퍼지는 계기가 됐다. 1925년 파리 박람회에서는 그랑프리를 수상하기도 했다.

구스타브스베리의 20세기 역사에서 가장 중요한 두 사람은 빌럼 코예와 스티그 린드베리다. 빌럼 코예는 43년 동안 생산 총감독을 지냈고, 오븐에 넣어도 안전한 식기류를 처음으로 내놓아 인기를 얻었다. '파이로(Pyro)'라는 이름을 가진 이 그릇 세트는 1929년부터 1955년까지 생산됐는데, 당시로서는 매우 혁신적인 제품이었다. 요리를 한 후 다른 그릇에 옮겨 담지 않고, 오븐에서 그릇째 바로 꺼내 식탁 위에 올려놓을 수 있어서 시간도 절약되고 주부의 일손도 덜어주었기 때문이다. 정말 많이 팔려나간 그릇이기에 지금도 스웨덴 가정집에서 흔히 볼 수 있다.

빌럼 코예와 스티그 린드베리 두 사람은 살리에리와 모차르트의 관계와 같다. 코예는 43년 동안 총감독으로 군림했지만 린드베리의 디자인 감각을 쫓아갈 수 없었다. 코예가 기본에 충실하고 정통에 가깝다면, 린드베리는 변화무쌍하고 현란한 기교 위에서 마음껏 뛰놀았다.

린드베리는 스웨덴의 '국민 디자이너'다. 재능이 차고 넘쳐서 도자와 직물, 유리공예 등 거의 모든 분야의 디자인에 업적을 남겼고, 화가이자 일러스트레이터이기도 했다. 1948년 밀라노 비엔날레에서 금메달을 받은 것을 시작으로 수많은 상을 휩쓸었다. 가장 유명한 작품은 '베르소(Berså)' 시리즈다. 한국에서는 영어 발음을 그대로 써서 흔히 '베르사'로 통한다. 1960년부터 1974년 사이에 제작했는데, 한국과 일본에도 엄청난 팬이 있다. 이러한 인기를 반영하여 2005년부터 일부 아이템을 재생산하지만, 플레이트의 모양과 나뭇잎 배열이 옛것과 약간 다르다. 그의 실용 도자기 '핀타', '폴', '프루누스' 라인도 앤티크 시장에서 매우 인기가 높다.

구스타브스베리는 이외에도 리사 라르손과 카린 비에르키스트라는 걸출한 두 여성 디자이너를 배출했다. 리사의 소품은 특히 일본에서 인기가 많고, 카린은 스웨덴 예술협회의 '매일을 아름답게!'라는 구호를 가장 잘 구현해낸 디자이너였다. 그녀의 많은 작품이 전 세계의 유명 미술관에 전시되어 있다.

이런 역사를 자랑하는 구스타브스베리지만, 현재는 다국적 회사 '빌레로이 & 보흐'가 새 주인이 되어 세면기와 변기만을 전문적으로 생산하는 신세로 전락했다. 과거의 명작도 하나의 브랜드로서만 이 회사 매장에서 팔린다.

덴마크 로열 코펜하겐의 블루

덴마크를 대표하는 도자기 로열 코펜하겐(Royal Copenhagen)의 홍보 영상 내레이션은 이렇게 시작된다. "태초에 블루가 있었다. 하늘도 블루, 바다도 블루……." 로열 코펜하겐이 왜 블루를 강조하는지 그 이유는 간명하다. 대표 상품의 일관된 특징, 기본이자 가장 강조하는 색이 푸른색이기 때문이다.

덴마크 왕실이 국책 사업으로 도자기 제조를 선정하고 왕실이 직접 관할하는 도자기공장을 세운 것은 1775년이다. 이때는 유럽의 거의 모든 나라가 도자기 제조 기법을 깨우쳐 너도나도 자신만의 도자기를 한창 생산할 때였다. 덴마크는 늦어도 한참 늦었지만, 오늘날 유럽 4대 명문 브랜드의 하나로 당당하게 자리를 잡았다.

로열 코펜하겐은 광물학에 해박한 지식을 가진 화학자 프란츠 하인리히 뮐러가 수년간의 실험 끝에 자기 제작에 성공한 것에서 비롯됐다. 그는 도자기공장을 차리려고 후원자를 모았으나 반응이 신통찮았는데, 마리 왕비가 그 가치를 알아보았다. 당시는 프레데리크 5세가 사망하고 마리 왕비가 섭정을 할 때였다. 마리 왕비는 바로 왕립 공인 도자기공장을 1775년 5월 1일 출범시킨다. 영국의 웨지우드도 16년 전인 1759년 5월 1일에 설립됐으니, 공교롭게도 노동절에 도자기의 4대 명가 중 두 곳이 탄생한 셈이다.

로열 코펜하겐은 왕실이나 궁정 고위직을 위한 선물이나 기념품, 외교용 증정품 등의 용도로만 제작되고 사용됐다. 처음 제작한 것도 왕실의 만찬용 식기류였다. 일반인에게 판매가 허용된 것은 거의 100여 년이나 지나서였다.

로열 코펜하겐이 세계적 명성을 얻게 된 클래식 '블루 플루티드'는 1775년 회사가 설립하던 해에 탄생했다. 백자에 세로로 그어진 홈과 파란 꽃 무늬가 잘 어우러져 산뜻하고 깔끔한 수채화처럼 우아한 기품을 보여주는 이 그릇이 창립과 동시에 만들어진 것은 마이센으로부터 강력한 영향을 받았음을 말해준다. 발트해를 사이에 두었지만 마이센에서 코펜하겐까지는 자동차를 타고 가도 여덟 시간 남짓 걸린다.

마이센의 '슈트로블루멘무스터'와 로열 코펜하겐의 블루 플루티드 라인을 비교하면 모양이 매우 흡사하다는 사실을 금방 알게 된다. 블루 플루티드의 파란 꽃은 뿌리를 따지자면 중국이 원래 고향이고, 18세기 중국 도자기에서 유행하던 국화 문양이 마이센의 '츠비벨무스터'에서 변형됐다가, 덴마크에서 로코코 스타일로 다시 추상화된 것이다.

블루 플루티드가 당시 유럽인에게 얼마나 희구(希求)의 대상이었는지 잘 보여주는 영국 넬슨 제독의 일화가 있다. 1801년 영국은 덴마크와 전쟁을 벌였는데, 그 이유는 1799~1800년의 흉작 때문이었다. 식량이 부족해져서 영국 곳곳에서 폭동이 일어나자 영국은 동유럽에서 곡물을 수입하려 했지만, 러시아와 북유럽 국가가 영국 배의 발트해 출입을 막고 나섰다. 이에 영국은 북유럽 국가 중 가장 적대적이었던 덴마크를 응징하기로 했다.

1801년 3월 12일 넬슨 함대는 코펜하겐에 강력한 방어벽을 구축한 덴마크 함대를 물리쳤다. 코펜하겐에 주둔한 넬슨의 업무에서 가장 중요한 것의 하나는 도자기를 구입하는 일이었다. 그는 하녀 열여섯 명을 1년 동안 부릴 수 있는 금액으로 도자기를 사들여 영국으로 실어 날랐다.

핀란드, 북유럽 도자기를 천하통일하다

'아라비아 핀란드'에서는 1953년에 출시한 카이 프랑크의 '킬타(Kilta)', 즉 길드 라인이 클래식이다. 이는 핀란드 가정의 요구를 반영한 근대화 공정의 선도적 산물이다. '세라믹의 황태자'로 불리는 비르게르 카이피아이넨의 '파라티시(Paratiisi)', 즉 파라다이스 시리즈는 1969년에 출시됐다. 파라티시는 도예품에 몰두한 비르게르가 상업적 용도로 디자인한 최초이자 마지막 식탁용 식기류였지만, 그것 하나만으로 그는 핀란드의 문화 아이콘이 되기에 충분했다. 파라티시는 1974년에 생산이 중단됐으나, 대중의 열렬한 복각 요청에 따라 1987년부터 다시 생산된다. 그 밖에 라이야 우오시키넨의 '에밀리아(Emilia)'와 '포모나(Pomona)' 라인, 에스테리 토뮬라의 '파스토랄리(Pastoraali)'와 '보타니카(Botanica)' 라인도 수집가의 사랑을 받고 있다.

가장 대중적인 아라비아 핀란드 캐릭터는 '무민'이다. 아라비아에서 무민이 들어간 어린이용 접시와 도자기 인형을 만들기 시작한 것은 1950년대 말이었다. 이후

paratiisi

네덜란드 동인도 회사의 배를 묘사한 델프트 타일

꽤 오래 소강상태에 있다가 무민의 인기가 재점화되면서 1990년에 생산을 재개했다. 클래식 머그의 경우 1990년에 네 종류를 제작한 이후 2014년까지 모두 68종류를 내놓았다.

'피스카스'는 1649년 네덜란드인 피터 토르뵈스테가 조그만 마을 피스카스에 세운 제련공장으로 시작했다. 열일곱 개의 브랜드를 거느린 거대기업이 된 지금도 이 회사의 주력 상품은 손도끼와 야전삽, 쟁기 등이다. 이렇게 거친 도구를 만드는 회사가 오늘날 북유럽 최고의 도자기 회사인 로열 코펜하겐(덴마크), 뢰르스트란드(스웨덴), 아라비아·이탈라(핀란드)를 모두 소유하는 북유럽 천하통일을 이룩했다.

마지막으로 네덜란드 도자기 '로열 델프트 블루'를 보자. 네덜란드는 원래 발트해 주변국의 상품을 리스본으로 가져와 포르투갈 상선이 동양에서 가지고 온 물품과 맞바꾸는 교역을 했다. 그러나 에스파냐가 압력을 가하자 네덜란드는 직접 동양과 교역을 추진하기로 했다.

1602년 네덜란드가 동인도회사를 만든 바로 그해에 그들은 중국에서 물품을 가득 싣고 돌아가던 포르투갈 상선 산타리나를 대서양에서 강탈했다. 산타리나에 실린 물품 가운데는 스물여덟 꾸러미의 청화백자 접시와 열네 꾸러미의 작은 사발이 들어 있었다. 2년 뒤에도 그들은 포르투갈로 귀국하는 상선 카타리나를 가로챘는데, 운 좋게 이 배에도 무려 16톤의 중국산 청화백자가 실려 있었다. 암스테르담의 경매시장에는 유럽의 거의 모든 왕실이 뛰어들었고, 단 며칠 만에 그 많던 물품이 모두 팔

청화백자와 구별이 잘 안 되는 네덜란드 로열 델프트, 헤이그 시립박물관

려 나갔다.

첫 경매가 있었던 해로부터 불과 20년도 지나지 않아 네덜란드 동인도회사의 배는 1년에 10만 점이 넘는 중국 자기를 실어 날랐다. 이 수가 당시 암스테르담 인구와 비슷하다는 사실을 감안하면 정말 놀라운 양이 아닐 수 없다. 중국 것이라면 뭐든지 좋다는 '시누아즈리(중국 취향)' 바람의 시작이었다.

이제 네덜란드인도 청화백자를 직접 만들고 싶어 했다. 그렇게 해서 나온 것이 델프트를 중심으로 하는 '로열 델프트'였다. 그러나 네덜란드는 영국이나 독일 등에서 흙을 수입할 수밖에 없는 등 여건이 좋지 않았기 때문에 도자기에서 타일로 제품을 변경했다. 이것이 그 유명한 델프트 타일이다. 이 타일은 새로운 인테리어 자재로서 유럽 전역으로 퍼져 나갔다.

발트해의 요리,
'시큼한 청어'

고약한 냄새의 발효음식, 수르스트뢰밍
청어잡이로 부를 축적한 한자 상인
혁신적인 청어 가공 방식에 열광하다
청어가 연 대항해시대

등 푸른 생선 가운데 '청(靑)' 자를 꿰찬 대표 생선은 청어(靑魚, herring)다. 스웨덴식이나 네덜란드식 청어절임 애피타이저를 많이 먹어본 사람도 절대 먹지 못하는 생선요리가 있다. 바로 스웨덴의 '수르스트뢰밍(Surströmming)', 즉 시큼한 청어다. 끔찍한 냄새를 풍기는 두리안이나 홍어 등 지구상의 대표적인 악취 음식 중 어느 것이 가장 심한지 경쟁을 했는데, 수르스트뢰밍이 그 모든 선수를 제치고 월드 스타가 됐다니 그 냄새는 상상에 맡기겠다.

고약한 냄새의 발효음식, 수르스트뢰밍

북부 스웨덴의 하이코스트 지방에서 시작됐다는 수르스트뢰밍의 수르는 '시큼하다(sour)'는 뜻이고 스트뢰밍은 '청어'를 말한다. 전통적으로 수르스트뢰밍은 칼마르 해협의 바다로 산란하러 올라온 작은 청어로 만든다. 담수에 가까운 이 해협의 청어는 대서양의 짠 바다에서 잡히는 것보다 크기가 작다. 이 청어를 낮은 염도(잡균이 번식하지 못하는 최소한의 염도)의 소금물에 넣어 6개월 정도 삭힌다.

19세기에 통조림이 발명된 이후로는 나무통에서 발효시킨 후에 캔에 넣어 판매한다. 그런데 일반 통조림과 달리 열처리를 전혀 하지 않기 때문에 발효 과정에서 발생하는 이산

수르스트뢰밍

화탄소로 인해 캔이 부풀어 오르다가 터져버리는 일이 빈번했다. 따라서 1940년에는 봄에 제조한 수르스트뢰밍을 8월 세 번째 목요일 전에 판매하지 못하도록 하는 국왕령을 포고했다. 불완전 발효된 수르스트뢰밍 통조림이 유통되는 것을 막기 위해서였다. 현재 이 법령은 실효가 없지만 제조업체는 전통적으로 이 날짜를 고수한다.

아주 오래전부터 먹어온 청어절임이 수르스트뢰밍으로 변하게 된 계기에 대한 이야기 중 가장 신빙성 있는 것은 소금 부족 때문이라는 설이다. 근대 이전까지 소금은 아주 비싼 식품이었다. 오죽하면 월급이라는 영어 단어 샐러리(salary)의 어원이 소금(salt)에서 왔겠는가. 유럽에서 소금은 현금과 같은 가치를 지녔기에 로마시대에는 군인에게 소금으로 월급을 지급하기도 했다.

16세기에 북유럽은 오랜 기간 계속된 전쟁으로 소금의 절대량이 부족했다. 특히 발트해의 청어로 먹고살던 스웨덴의 어부는 청어를 절일 소금이 모자랐다. 원래 염장은 20퍼센트 정도의 소금물에 저장해야 하는데, 소금이 워낙 귀하다 보니 썩는 것만 간신히 억제할 정도로 낮은 12퍼센트 정도의 소금만을 사용해 청어를 절였다. 스웨덴 어부는 장이 열리자 이렇게 저장해서 덜 신선한 청어를 핀란드인에게 속여 팔았다. 그런데 다음 해에 그 핀란드인이 다시 와서 같은 생선을 재주문하는 것이 아닌가. 그래서 이 방식을 지속하게 되면서 발효와 부패의 임계점까지 염도를 줄이고 저장 기간은 늘린 독특한 식품이 탄생한 것이다. 아무튼 그 기원에 대한 설에는 여러 가지가 있지만, 먹을 것이 절대적으로 부족하던 시대에 보릿고개를 넘기기 위해 썩기 전까지 두고 먹던 음식이었던 것만은 확실한 사실이다.

애호가는 1년간 17~18도에서 묵힌 수르스트뢰밍을 최고로 친다. 하지만 이 음식에선 재래식 화장실에서나 날 것 같은 악취에 시큼한 냄새가 섞여 있어 스웨덴인 중에서도 질색하는 사람이 많다. 홍어만큼이나 호불호가 분명한 음식이지만, 실상 먹어보면 냄새와는 별개로 매력이 있다고 한다. 발효 식품만이 갖는 독특한 중독성이다.

수르스트뢰밍이 출시되는 8월 셋째 주가 되면 파티를 여는 곳이 많다. 냄새가 지독해서 주로 정원이나 발코니에서 먹는데, 가끔 한껏 부풀어 오른 캔이 폭발하기도 하므로 샴페인 코르크 마개를 따듯이 아주 조심스레 뚜껑을 따야 한다.

먹는 방법은 다음과 같다. 먼저 접시 위에 삭은 청어를 올린 다음 잘 벼린 칼로 뼈를 발라내고 살만 추려낸다. 납작하고 얇은 빵 위에 버터를 바르고 그 위에 청어 살과 감자, 다진 양파, 사워크림 등을 올려 일종의 샌드위치를 만들어, 맥주나 보드카 또는 우유 등을 곁들여 즐긴다.

청어잡이로 부를 축적한 한자 상인

청어는 도무지 정체를 알 수 없는 생선이다. 어느 때는 감당하지 못할 정도로 엄청나게 몰려들었다가 어느 날 자취도 남기지 않고 감쪽같이 사라져버리기 때문에 예측이 불가능하다. 그런 청어가 근세 유럽이 세계를 제패하는, 경제의 패러다임을 바꾸어놓았다.

스칸디나비아 3국과 유럽의 여러 나라로 둘러싸인 대서양의 끝자락 발트해의 바닷물은 햇빛이 바다 밑을 밝힐 정도로 맑다. 유럽 대륙에서 튀어나온 스칸디나비아반도로 막혀 있어서 북대서양난류의 영향을 받지 않다 보니 해수 온도가 낮고, 유럽 대륙의 수많은 강과 빙하로부터 흘러드는 담수로 인해 다른 바다에 비해 염도가 4분의 1밖에 되지 않는다.

발트해와 북해 연안 사람들은 바이킹 시대부터 주로 어업으로 생활했지만, 염도가 낮다 보니 바다는 혹독한 북유럽의 겨울에 꽁꽁 얼어붙기 일쑤였고 해빙기도 아주 늦게 왔다. 하지만 중세 후기가 되면서 얼음이 녹는 4~5월이 되면 청어가 이때다 하고 엄청난 양으로 몰려들기 시작했다. 한번 몰려들면 배가 움직이기 힘들 정도로 바다를 꽉 채웠기에 그저 추수하듯이 쓸어 담기만 하면 됐다. 청어를 '바다의 밀'이라고 할 정도였다.

바이킹 시대에 그토록 해양을 주름잡던 스칸디나비아의 어부는 이상하게도 청어잡이만큼은 수동적이었다. 그저 청어 떼가 나타나기만을 기다렸을 뿐이다. 그것은 청어 내장에 지방이 많아서 금방 상해버렸기 때문이다. 냉장고가 없던 시대에 처치가 곤란할 정도로 몰려든 청어를 오래 보관하며 먹기란 불가능했다. 그래서 어부는 해빙기에 몰려온 청어를 다음 해까지 두고두고 먹기 위해 소금에 푹 절이거나 훈제를 하기 시작했다. 문제는 발트해의 바닷물은 염도가 너무 낮았고 이 지역에는 소금이 귀하다는 것이었다.

여기서 노다지를 발견한 것은 12~13세기부터 발트해와 북해를 누비며 무역을 하던 독일의 한자 도시 상인이었다. 당시 독일은 신성로마제국이라는 연방 체제의 국가를 이루었는데, 이때 상인끼리 시장을 중심으로 자치도시를 만들고 각 도시는 자신들의 이권을 보호하기 위해 동맹을 맺어 황제도 침범할 수 없는 강력한 연합체를 이루었다. 중세의 가톨릭이라는 기반 위에 세워진 유럽의 국가는 사순절이라는 육류 금지 기간을 지켜야 했고, 또 목축업이 지금처럼 발달하지 않아 고기가 풍족하지 못했다. 게다가 겨울은 더욱 척박한 계절이었다. 그러니 한자 상인이 청어라는 싸고도 질 좋은 단백질의 공급원을 놓칠 리 없었다. 작은 청어 두 마리면 성인 하루의 단백질이 해결됐으니 말이다.

한자 상인은 스칸디나비아 지역에 지중해와 대서양에서 나는 소금을 공급하고 그 돈으로 어부가 잡아서 굵은 소금에 절인 청어를 싼 값에 사들여 유럽 본토와 영국에 팔았다. 그렇게 번 돈으로 영국의 싼 양모를 사거나 플랑드르의 모직물을 사서 큰 이윤을 남기며 되팔았다. 또 청어를 담아서 나르기 위한 목재를 러시아나 핀란드에서 사다가 공급했다. 이렇게 중계 무역으로 한자 도시는 풍족해지기 시작했다.

혁신적인 청어 가공 방식에 열광하다

네덜란드의 한 시골에 사는 어부 빌럼 뵈켈스존이 기빙(gibbing)이라는 혁신적인 청어 가공 방식을 개발했다. 이는 소금에 절이는 대신 특별히 고안된 칼과 장갑으로 청어의 아가미와 내장만을 효율적으로 제거하여 적절한 농도의 소금물에 담그는 일종의 염지법이다. 청어는 내장에 지방이 많아서 금방 상하는데다 아가미에서 쏩쓸한 맛이 난다. 따라서 청어를 손질할 때는 효소를 분비해서 깊은 맛을 내게 하는 간과 췌장은 남기는 것이 기술이었다. 이렇게 손질한 청어를 염도 20퍼센트의 소금물이 담긴 나무통에 담가두면 잡균이 자라지 못해 상하지 않았다. 청어를 재래식으로 소금에 절이거나 훈제를 하면 수분을 잃어 원래의 맛이 사라지는데, 기빙 방식으로 가공하면 생선살의 촉촉함

청어절임

청어절임, 탈린 길드박물관

청어절임, 그단스크

청어절임, 에스토니아

을 최대한 유지하면서도 오래 보존할 수 있었다. 이 획기적인 방식으로 가공한 청어에 유럽인이 열광한 것은 말할 것도 없었다.

게다가 하늘이 네덜란드를 도왔다. 16세기경 기후 변화로 인해 북해의 수온이 내려가면서 발트해의 청어가 네덜란드 앞바다로 몰려든 것이다. 한자 도시가 기후 변화에 미처 적응하지 못하고 우물쭈물하는 사이에 네덜란드는 청어잡이에 뛰어들었다. 청어를 더 오래 보관하는 기빙 방식은 네덜란드로 하여금 원양어업도 가능하게 했다. 청어 떼가 해안으로 몰려오는 것을 기다릴 것이 아니라 더 넓은 바다로 청어 떼를 찾아다니기 시작한 것이다. 이렇게 잡은 청어를 배 위에서 소금물에 염장하여 신선도를 유지해 전 유럽에 공급했다.

청어가 연 대항해시대

이렇게 시작된 네덜란드의 청어잡이는 16세기 말이 되면서 관련 산업으로 번져 규모가 더 확대됐다. 더 멀리 더 빨리 달리는 배를 만들기 위해 조선업과 항해술이 발전하게 된 것이다. 중세 스칸디나비아의 바이킹 배에서 착안한 쌍돛대배(Haringbuis)도 탄생했다. 그뿐 아니라 더 멀리 수출하기 위해 상선이나 여객선도 발달해 대항해시대를 열게 된다. 가톨릭이 지배적이었던 이탈리아나 프랑스, 에스파냐에 비해 암스테르담을 중심으로 한 네덜란드는 일찍부터 칼뱅주의 신교를 받아들였다. 부의 축적

Antonio Sicurezza - Still life with anchovies

을 죄악시해 청빈과 금욕을 강요하던 바티칸에 비해 칼뱅이 이끌던 프로테스탄트는 자본과 상업 활동에 면죄부를 주었다. 열심히 일해서 정직하게 축적한 부는 하느님의 은혜에서 온다는 교리는 당시의 자본가로 하여금 '부자가 천국에 가는 것은 낙타가 바늘귀를 통과하는 것만큼이나 어렵다'던 중세의 세계관에서 벗어나게 해주었다.

이것이 유럽의 한 귀퉁이 해수면보다 낮은 땅에 자리한 작은 나라를 근세의 해양 대국으로 만든 원동력이었다. 당시 네덜란드 인구의 거의 30퍼센트가 청어와 관련된 산업으로 먹고살았다니 경제학자 앨프리드 마셜이 "암스테르담의 건설은 청어 뼈 위에서 이루어졌다"라고 말한 것이 결코 과장이 아니다. 르네상스 시대의 상인이 직물산업 위에 피렌체를 세웠듯이, 네덜란드는 16세기 말 상인 자본으로 청어산업 위에 근대국가를 세우고 에스파냐로부터 독립을 선언했다.

그러자 에스파냐는 네덜란드에 무역봉쇄령을 내렸다. 때마침 북해의 청어 떼도 자취를 감추기 시작하자 네덜란드는 아프리카를 돌아 인도에 동인도회사를 세우고 중국과의 최단거리 항로를 개척하기 위해 북극해를 탐사하는 야심을 키웠다. 그러니 이때 하멜이 표류하다 한국에까지 오게 된 것은 우연이 아니다. 17세기가 되면서 네덜란드는 유럽 최강의 해양국가가 됐다.

중세까지 바다라고는 지중해밖에 모르던 유럽인은 대항해시대를 열어 대서양을 횡단하고 인도 항로를 열어 중국과 극동아시아에까지 진출했다. 그리고 미국이라는 공룡을 만들어 헤게모니를 장악했다. 이 엄청난 쓰나미의 근원에 청어의 작은 날갯짓이 있었다.

바다 위에서
   누리는 호사,
   발트해 크루즈

북유럽 해운의 요충지였던 발트해는 지난 수천 년간 셀 수 없이 많은 배를 품어 왔다. 배는 무기와 병사를 실어 날랐고, 때로는 금은보화와 모피, 곡물을 싣고 발트해 곳곳을 누비며 이 지역의 번영을 주도했다. 발트해 무역이 절정에 달했던 13~15세기에 이 지역 무역의 패권을 장악했던 자유도시 간의 연합체인 한자동맹은 막대한 부를 쌓아 강력한 해양력을 길렀고, 해상 강국인 덴마크·영국과 전쟁을 벌여 승리하기도 했다. 이들의 무역 루트는 종교개혁 등 새로운 사상과 혁신의 전파 경로이기도 했다.

크루즈, 이동 자체가 즐거움

17세기 이후 아메리카 대륙으로 향하는 항로가 개발되면서 유럽의 해운 무역에서 발트해가 차지하는 비중은 줄어들었다. 20세기에 들어와서는 양차 세계대전과 냉전의 주무대가 됐다. 그리고 이어진 기나긴 긴장과 갈등의 역사가 누그러지면서 오늘날 이 역사적인 바다에 새 주인공이 등장하기 시작했다. 바로 해양관광의 요체인 크루즈다.

발트해의 항구 도시는 대부분 뱃길로 연결되고 예외 없이 관광용 페리와 크루즈를 운항한다. 북유럽 해양문화의 중심지 발트해를 운항하는 크루즈 여행에서는 아름다운 자연과 수려한 디자인의 건축물, 유구한 역사의 현장, 맛있는 음식까지 여행의 모든 것을 만끽할 수 있다. 뱃길에 익숙하지 않은 사람이라면 핀란드 헬싱키와 에스토니아 탈린을 오가는 크루즈 여행에 도전해볼 만하다. 편도 두 시간 정도의 짧은 거리지만, 배 안에서 발트해를 바라보며 술 한잔 곁들여 식사를 즐기기엔 충분한 시간이다.

불과 두 시간이면 이동이 가능한 헬싱키와 탈린은 거의 단일생활권으로 묶여 있어 많은 사람이 왕래한다. 헬싱키-탈린 루트는 평일엔 탈린에서 헬싱키로 출근하는 에스토니아의 노동자로, 주말엔 헬싱키에서 탈린으로 여행하는 핀란드의 관광객으로 항상 활기가 넘친다. 에스토니아인은 임금이 높고 가까운 헬싱키에서 일하는 것을 선호하고, 핀란드인은 물가, 특히 술값이 저렴한 탈린에서 여유로운 시간 보내기를 즐긴다.

에스토니아의 수도 탈린은 인구가 약 40만 명에 불과한 작은 도시다. 탈린의 구도심은 한자동맹이 번성하던 시기에 지어진 건물이 그대로 남아 있어 1997년 구도심 전체가 유네스코 세계문화유산으로 지정됐다. 탈린 관광의 핵심인 구도심은 반나절이면 걸어서 전부 둘러볼 수 있어 헬싱키에서 하루 시간을 내서 탈린으로 크루즈 여행을 오는 사람도 많다.

크루즈 여행의 장점은 이동 시간 자체가 또 하나의 즐거움이 된다는 것이다. 공항 면세점 못지않게 저렴한 선내 면세점에서 쇼핑을 즐기거나, 낯선 사람과도 쉽게 친구가 되어 함께 선상 파티를 즐기는 것은 크루즈 여행에서만 맛볼 수 있는 묘미다. 대다수 크루즈는 어린이를 위한 놀이시설도 갖추고 있어 가족 관광객도 부담 없이 이용할 수 있다.

장거리 크루즈 여행 코스로는 헬싱키-스톡홀름 루트가 인기다. 헬싱키에서 스톡홀름까지는 열여섯 시간 반 정도 걸린다. 핀란드 제2의 도시인 투르쿠에서 스톡홀름까지 오가는 크루즈도 있다. 투르쿠는 핀란드에서 가장 오래된 도시

I'VE CROSSED the BALTIC SEA

로, 2011년 에스토니아 탈린과 함께 유럽연합의 문화 수도에 선정됐을 만큼 역사와 문화가 풍부한 곳이다.

핀란드의 크루즈 업체 탈린크 실야(Tallink Silja)의 경우 헬싱키-스톡홀름 루트와 투르쿠-스톡홀름 루트에 여름 성수기(6~9월) 동안 한국인 승무원을 배치할 정도로 한국인이 많이 이용한다. 헬싱키에서 투르쿠까지는 자동차나 기차로 두 시간이면 갈 수 있어 헬싱키 관광 후 투르쿠로 이동해 크루즈 여행을 즐기는 여행객도 많다.

뱃길이 안내하는 숨은 보석

일부 크루즈는 헬싱키에서 스톡홀름으로 가는 길목에서 아베난마(올란드)제도에 잠시 머무른다. 핀란드와 스웨덴 사이의 보트니아만 초입에 위치한 아베난마제도는 오직 배로만 들어갈 수 있어 잘 알려지지 않은 관광지다. 핀란드 헬싱키에서 출발하면 약 열한 시간, 스웨덴 스톡홀름에서 출발하면 일곱 시간 정도 소요돼 스웨덴과 더 가깝다. 인구 대다수가 스웨덴인이고 스웨덴어를 공용어로 쓰지만, 사실 핀란드령이며 정부와 국회를 보유한 자치 지역이다.

아베난마제도는 6500개 이상의 섬으로 이뤄져 있지만, 사람이 사는 섬은 약 60개로 많지 않다. 특히 사람들이 가장 많이 찾는 곳은 수도 마리에하믄이다. '마리의 항구'라는 뜻의 마리에하믄은 1861년 차르 알렉산드르 2세가 이 마을을 세우면서 아내의 이름 마리에서 따와 지었다. 면적 약 12제곱킬로미터에 인구 약 1만 1000명이 사는 한적한 도시로, 조용히 휴식을 취하기에 더없이 좋은 곳이다.

크루즈 여행의 또 한 가지 장점은 아베난마제도처럼 비행기나 육로로는 가기 힘든, 숨은 보석 같은 여행지를 쉽게 갈 수 있게 해준다는 것이다. 덴마크 보른홀름섬의 작은 마을 뢰네는 규모는 작지만 발트해의 수많은 크루즈가 거쳐 가

는 기항지다. 인구 1만 5000여 명이 살아가는 한적한 이곳은 자연 풍경이 아름다워 힐링 여행지로 제격이다. 일부 외신은 뢰네를 '덴마크의 낙원'이라고까지 평한다.

어민이 모여들어 생긴 도시 뢰네는 13세기 무렵 북유럽인의 주식인 청어를 잡으며 크게 번성했다. 그러나 근대에 들어와 청어 무역이 시들해졌고, 오늘날

뢰네의 주요 산업은 관광업이 됐다. 독일의 자스니츠, 덴마크의 코이에, 스웨덴의 위스타드 등 발트해 서쪽의 여러 항구에서 뢰네행 크루즈를 운항한다. 또 뢰네를 중심으로 한자동맹의 맹주였던 독일의 뤼베크와 로스토크, 폴란드의 시비노우이시치에, 스웨덴의 트렐레보리 등의 항구로 이어지는 6~10시간의 중장거리 크루즈 루트도 많다. 일정을 잘 짜면 배를 타고 발트해 구석구석을 누비는 이색 체험이 가능하다.

'바다 위의 호텔'

시간과 비용을 조금 더 들인다면 9박에서 12박 정도 소요되는 장거리 크루즈 여행 패키지로 발트해를 제대로 즐길 수 있다. 숙식을 크루즈에서 해결하면서 밤에는 배를 타고 이동하고 낮에 각 도시에 정박해 관광을 하는 여행 상품이 발트해 지역에는 무수히 많다. 특히 열흘 남짓한 짧은 기간 동안 발트해의 주요 도시를 모두 방문하고 싶다면 크루즈 패키지 상품이 제격이다.

크루즈 패키지를 이용하면 여러 지역을 방문하면서도 숙식을 한 곳에서 해결할 수 있어 경제적이기 때문이다. 날마다 호텔을 메뚜기처럼 옮겨 다니며 짐을 풀었다 싸야 하고 하루에도 수없이 버스나 자동차, 비행기에 오르내려야 하는 등의 불편함에서 해방될 수 있다. 크루즈 상품엔 하루 3~5회 식사와 룸서비스 등이 포함돼 있어 크루즈는 '바다 위의 호텔'로 불린다.

세계의 주요 크루즈 업체 10여 곳에서 모두 발트해 크루즈 패키지 상품을 판매한다. 일부 7일짜리 상품도 있지만 대체로 10박 내외, 최대 14박을 하는 상품이다. 코펜하겐이나 스톡홀름에서 출발해 동쪽으로 러시아의 상트페테르부르크까지 갔다가 돌아오는 일정이 일반적이다. 가격은 100만 원 대에서 800만 원 대까지 객실 등급과 패키지 내용에 따라 천차만별이다. 코펜하겐이나 오슬로 등 잘 알려진 대도시 위주로 방문하는 상품도 있고, 탈린이나 리가 같은 소도시나 스웨덴 동부의 항구 도시 순스발 등 잘 알려지지 않은 항구에도 들르는 상품까지 다양한 패키지가 나와 있어 취향에 따라 고르기 좋다.

주

1장. 발트해의 역사문화적 궤적

1   Г. Неболсин, Статистические записки о внешней торговле России. Ч.1, Петербург, 1835, p.11.
2   앙리 피렌느, 강일휴 옮김, 《중세 유럽의 도시》, 신서원, 1997, 72~74쪽.
3   롤프 하멜-키조, 박민수·조현천 옮김, 《한자》, 선인, 2012, 36쪽.
4   페르낭 브로델, 주경철 옮김, 《물질문명과 자본주의》 II-1, 까치글방, 1996, 507쪽.
5   И. М. Кулишер, История экономического быта Западной Европы. Репринт. Т.1, Челябинск, 2004, p.360.
6   И. М. Кулишер, История экономического быта, p.307.
7   페르낭 브로델, 《물질문명과 자본주의》 I-1, 296쪽.
8   M. Malowist, "Polish-Flemish Trade in the Middle Ages," Baltic and Scandinavian Countries. Vol.4. No.1, Jan. 1938, p.9.
9   Dollinger, Phillipe. Casson, Mark, "The German Hansa: The Emergence of International Business, 1200~1800," London, Routledge, 2000, p.41.
10 "Hansetic City of Lübeck," Scho'ning, Lübeck, 2009, p.7.
11 Gun Westholm, "Hansetic Sities, Routes and Mounuments," Counsil of Europe Cutural Routes, Gotland, 1994, pp.47~48.
12 "HAMBURG," Past Finder, Hamburg, 2008, p.112.
13 R. Chartrand 'K. Durham' M. Harrison' I. Heath, "The Vikings: Voyages of Discovery and Plunder," Oxford, 2006, pp.142~150.
14 "Gotland's Picture Stones: Bearers of an Enigmatic Legacy," Gotland

Museum, 2012.
15 Richard Hall, "Exploring the World of The Vikings," Thames & Hudson, London, 2007
16 "The Swedish History Museum," Statens Historiska Museer, Stockholm, 2016, pp.60~63.
17 Gun Westholm, "Hansetic Sities, Routes and Monuments," Council of Europe Cultural Routes, Gotland, 1994, p.104.
18 Gun Westholm, p.112.
19 북해에서 발트해로 진입하는 해로는 준트 해협 외에도 그레이트벨트와 리틀벨트가 있었다. 그러나 양 벨트는 항해가 쉽지 않아서 평소에는 잘 이용되지 않았다. 다만 국제 정세에 따라 밀수무역 항로로 사용되곤 했다.
20 Йорген Векйбулль, Краткая истории Швеции, Стокгольм, 1994, p.42.
21 В. Д. Королюк, И. С. Миллер, П. Н. Третьяков. ред. История Польши. Т.1, Москва, 1954, p.131.
22 Г. В. Форстен, Балтийский вопрос в XVI и XVII столетия. Т.2, Петербург, 1894, pp.149~150.
23 박지배,《표트르 대제》, 살림, 2009, 28~37쪽.
24 F. Braudel, F. Spooner, "Price in Europe from 1450 to 1750," Cambridge Economic History of Europe. Vol.4, 1867, pp.374~486.
25 National Archives of United Kingdom, CUST4, CUST14 참고.
26 박지배,《근대 세계 체제에서 러시아와 영국의 무역》, 신서원, 2017, 258~260쪽.
27 Gareth Williams, "The Viking ship," British Museum, London, 2014, p.96.
28 "Treasures of the Baltic Sea," Swedish Aaritime Museum, Stockholm, 2003, p.119.
29 간니발의 외증손자가 바로 러시아의 대문호 푸시킨이다.
30 고기와 사탕무를 넣고 끓인 러시아의 수프 요리.
31 이 사건은 1905년 혁명 20주년을 기리는 세르게이 에이젠슈테인 감독의 〈전함 포툠킨〉(1925)으로 영화화되어 영화사에도 길이 남게 된다.
32 상트페테르부르크에서 서쪽으로 30킬로미터 떨어진 발트해 핀란드만의 코틀린섬에 있는 크론시타트 시와 항만은 발트함대의 주력 기지였다.

33 당시 러시아에서 쓰이던 율리우스 달력으로는 10월 25일.

34 E. Goldman, My Disillusionment in Russia, London: 1925, p. 174. 스몰니(Smolny)는 상트페테르부르크에 있는 볼세비키당 본부로 쓰이는 건물이었다.

2장. 도시 재생의 현장을 가다

1 "Tallinn: A Medieval Pearl on the Baltic Shore," Morgan Studio, Tallinn, 2007.

2 Karen Jagodin, "Walking tours of Tallinn," Solnessi Arhitektuurikirjastus, Tallinn, 2012, pp.9~32.

3 Karen Jagodin, pp.163~164.

4 Peet, J. 1995, "The Process on conservating the Maasilinn wreck, Estonia," Stockholm Marine archaeology reports, No.1, Stockholm, 1995. - conservation?

5 "Treasures of the Baltic Sea," Swedish Maritime Museum, Stockholm, 2003, pp.84~94.

6 Apoloniusz Lysejko, "The History of Hel Lighthouses," The Society of the Polish Maritime Museum, Gdańsk, 2007.

7 Fred Hocker, "VASA: A Swedish Warship," Medströms Bokförlag, Stockholm, 2015, pp.36~47.

8 "Vasa: The Story of a Swedish Warship," Vasa Museum, 2011, pp.48~49.

9 Eva Björklund, "Malmöhus," Malmö Museer, Malmö, 1998, pp.36~37.

3장. 신화, 도자기 그리고 청어

1 Norse Mythology: A Guide to Gods, Heroes, Rituals and Beliefs, John Lindon, Oxford University Press, 2001, p.228.

2 John Lindon, p.42.

3 위의 책, p.70.

4   저승의 배, 나글파르호의 선장.
5   죽은 자의 손톱으로 만들어진 저승의 배.
6   불의 나라.
7   스노리 스툴루손, 이남용 옮김, 《에다 이야기》, 을유문화사, 2013, 125쪽.
8   카를 짐록 완역본, 임한순 외 옮김, 《에다》, 서울대학교출판문화원, 2015, 19쪽.

출처와 제공

한자동맹시대의 북유럽 해상무역로 / 박지배
한자동맹의 거점 1: 뤼베크 / 주강현
한자동맹의 거점 2: 고틀란드 / 주강현
발트해의 패권전쟁: 스웨덴·독일·러시아·폴란드의 쟁투 / 박지배
호박 루트를 찾아서 / 주강현
러시아혁명, 그 서곡과 절정과 대단원 / 류한수
상트페테르부르크, 혁명의 현장을 가다 / 이기준
예테보리와 말뫼, 두 도시 이야기 / 박병률
말뫼의 해상 사우나 / 황수연
중세 도시, 에스토니아 탈린의 변신 / 주강현
빌뉴스의 오래된 호텔 / 주강현
해양박물관의 모든 것 / 주강현
서리와 불의 노래, 북유럽 신화 읽기 / 김웅희
발트해를 닮은 북유럽 도자기 / 조용준
발트해의 요리, '시큼한 청어' / 민혜련
바다 위에서 누리는 호사, 발트해 크루즈 / 이기준

사진
김웅희 226, 228, 231, 232, 234, 236, 238, 240
류한수 97, 102, 106
민혜련 262, 270
박병률 133, 134, 137, 141
박지배 14, 16, 71, 74, 77, 81
주강현 19, 21, 32, 34, 37, 43, 45, 48, 52, 54, 56, 58, 60, 63, 65, 79, 86, 87, 88, 101, 118, 121, 122, 125, 152, 156, 158, 159, 160, 162, 167, 172, 174, 176, 178, 181, 182, 187, 190, 192, 198, 200, 202, 205, 206, 207, 208, 212, 215, 216, 218, 264, 268, 274
조문규 112, 114, 116, 276
조용준 244, 246, 249, 252, 255, 256, 258
최승식 126
바다위의정원 22, 108, 146, 148

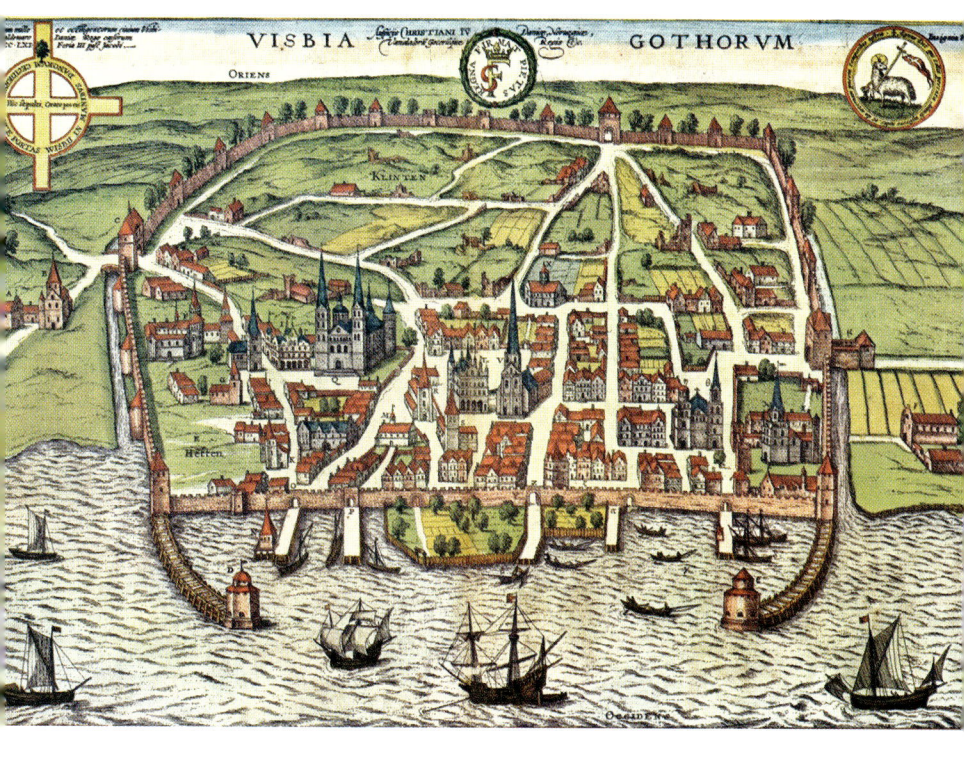

한자동맹 시대의 도시

저자 소개

김융희 미학자이자 상징과 마법을 공부하는 〈신화와 상징의 숲〉 리더다. 서울예술대학 교수로 재직하며 예술철학을 가르쳤다. 지금은 학교 밖에서 신화와 예술을 일상의 삶과 연결시키는 강의를 비롯해 저술 활동을 하고 있다. 지은 책으로는 《삶의 길목에서 만난 신화》, 《예술, 세계와의 주술적 소통》, 《검은 천사, 하얀 악마》 등이 있다.

류한수 상명대학교 역사콘텐츠학과 교수로서, 주로 러시아 혁명과 제2차 세계대전을 연구하고 있다. 서울대 서양사학과에서 학사와 석사, 영국의 에식스 대학 역사학과에서 러시아 혁명과 내전에 관한 주제로 박사학위를 받았다. 번역서로 《1917년 러시아혁명》, 《2차 세계대전사》 등이 있다.

민혜련 음식칼럼니스트이자 한·불 컨설팅/마케팅 MD Planet 대표다. 프랑스 캉 대학 불문학 석사와 박사 과정을 수료했고, 16년간 프랑스 요리 전문점 '작은 프랑스'를 운영했다. 서경대학교 생물공학과에서 와인 발효로 박사학위를 받았다. 지은 책으로 《일생에 한번은 파리를 만나라》, 《관능의 맛 파리》, 《프랑스 요리의 역사》 등이 있다.

박병률 경향신문 경제부 기자. 2007년 소말리아에 피랍된 마부노호 사건 취재로 일경언론상을 받았다. 부산대 환경공학과를 나와 카이스트에서 경영학 석사를 받았다. 지은 책으로 《영화 속 경제학》, 《경제학자의 문학살롱》 등이 있다.

박지배 러시아 상트페테르부르크 국립학술원 역사연구소에서 '러시아의 대영 무역에 관한 연구'로 박사학위를 받았다. 서양사회경제사 전공으로, 현재 한국외국어대학교 사학과 초빙교수로 있다. 지은 책으로 《근대세계체제에서 러시아와 영국의 무역》, 《표트르 대제》 등이 있다.

이기준　건국대학교에서 철학을 전공했다. 이후 뉴스위크 한국판 기자를 거쳐 현재 중앙일보 국제부에서 기자로 일하고 있다.

주강현　제주대 석좌교수이자 아시아퍼시픽해양문화연구원장이다. 세계로 발품을 팔며 해양문명을 연구하며, 일산 정발학연과 제주 산굴재를 오가면서 아카이브를 축적시키고 있다. 지은 책으로 《독도강치 멸종사》, 《황철산 민속학》, 《등대문화사》, 《환동해문명사》, 《유토피아의 탄생》, 《제주기행》, 《독도견문록》, 《제국의 바다 식민의 바다》, 《관해기》, 《적도의 침묵》, 《돌살》, 《조기에 관한 명상》, 《두레》, 《우리 문화의 수수께끼》 등이 있다.

조용준　작가이자 문화탐사 저널리스트다. 동아일보 기자와 주간동아 편집장을 지냈고, 문화를 테마로 저술 작업을 하고 있다. 지은 책으로 《유럽 도자기 여행:동유럽 편》, 《유럽 도자기 여행:북유럽 편》, 《유럽 도자기 여행:서유럽 편》, 《일본 도자기 여행:규슈의 7대 조선가마 편》 등이 있다.

황수연　한국해양수산개발원 수산연구본부 양식산업실 연구원이다. 수산경영학을 전공하고, 온배수활용 수산양식산업 개발계획, 수산거버넌스 구성·운영·연구 등에 참여하고 있다.

사진
조문규　중앙일보 특별취재팀 기자
최승식　중앙일보 특별취재팀 기자